本の底力

ネット・ウェブ時代に本を読む

高橋文夫

新曜社

プロローグ

「世界全体で新たに作成されたり、複製されたりする情報やデータ量は現在、ざっと三ゼタ（Z）バイト程度とみられる。これが少なくとも東京オリンピック開催年の二〇二〇年までは毎年倍々ゲームで増え、四〇ゼタバイトに達するだろう。地球のすべての浜辺にある砂粒全体の六〇倍近い量だ」――今後の情報量の増大について、米調査会社ＩＤＣはこんな予測を明らかにしている。

バイトとは情報の大きさを表わす単位。一バイトは八ビットで、一文字分にあたる。ゼタバイトは一〇の二一乗（一兆ギガ）バイトに相当する。

もともと「浜の真砂」とは、計り切れないほど数の多いたとえとして使われる。それをどうはじき出したのか、世界全体が持ち合わせる情報やデータ量は全地球の「浜の真砂」の数十倍に達するというのだから、恐れ入る。

その背景には、巨大なデータを蓄えるシステムが整い、データベースの検索速度が上がり、クラウド（情報やデータをインターネット上に保存するやり方やサービス）により、大量のデータや情報のやり取りがすばやく滑らかにおこなわれるようになったことがある。

スマホ（スマートフォン）やタブレット（多機能型携帯端末）、インターネットやウェブなどの急速な普及が大容量デジタルデータの生成や利用に拍車をかけている。

その分野は政治、経済、金融、産業、科学、技術、学術、芸術、医療、軍事、気象、流通、サービスなどから、ふだんの暮らし、エンターテインメントなどに広く及ぶ。

世界中で生活の隅々にまで入り込んできたデジタル機器やサービス。

それなしにふだんの暮らしは成り立たない。


だが子細にみると、身の周りに押し寄せてくるおびただしい量の情報やデータの中身は、少量ではあるものの意味がある大切な情報、量は多いもののまるで役に立たない無用のデータなどもあり、様々だ。なかには、まったくのでたらめ、流言飛語、中傷、わざと仕掛けられた悪意のあるデマの類いもあるから、うかうかできない。

ふだんの暮らしのなかで、増えていく一方の情報やデータに囲まれ追い立てられ、どのように対処しどう処理していったらいいのか、途方にも暮れる。

東京・渋谷や六本木、新宿などの繁華街を歩いていて、こっちから行く人向こうから来る人、あまりに多くの人と行き交い、交錯し、雑踏のただなかでしばし人に酔うことがある。自分はどっちに向かおうとしていたのか、いまは一体どこにいるのか、自分を見失ってしまいそうになる瞬間さえある。見当がつけられない、わからない、「失見当識」と呼ばれる症状だ。

雑踏のなかで見当識を失う状態は、ネットやウェブで果てしもなく後から後から押し寄せてくる真贋入り交じった情報やデータにアップアップし、情報の海で溺れかける、といった状況に似通うところがある。

デジタル化の進行にともなうひずみもいろいろ目につくようになってきた。

身近な暮らしのなかでは

「デジタル機器に依存する度合いが大きくなり過ぎていないか」

「スマホや電子書籍用端末が普及するにつれて、本の読み方が変わってきていないか」

「「人類の知識の宝庫」とも呼ぶべきネットやウェブの世界で、情報や検索の「パーソナル化」が進み、利用者に都合のいい内容だけが返ってくる偏りが起きていないか」

といった懸念がある。

文明の利器デジタルメディア（以下、電子メディアとも）が浸透するのにつれて、なんでも数で割りきろうとする空気や、すべてを量で推しはかろうとする潤いのない雰囲気が世間に広がってきてはいないか、世の中のあちこちで画一化や均一化が進んで、独自性や個性が失われてきてはないか、という心配もある。

とめどもなく増大し拡散し続けるネット・ウェブ全盛時代にあって、本を読むことがいま、あらためて認識され評価し直されようとしている。

「形や重みがあり、一定の秩序のもとで自己完結している「本」という存在それ自体が、めまぐるしく変化するネット・ウェブ時代にはアンカー（錨《いかり》）として新しい役割を担う」

「「本」を実際に手に取り読み進めていくことが、脳に躍動感をもたらし、手の皮膚に心地よい刺激をあたえることが明らかになってきた」

「変化、変転するネット・ウェブ時代に、少なくとも読んでいる間は本に集中し本と一体になる沈思黙考が、あらためて自分を取り戻し捉《とら》え直す有効な手段となる」――。

読書が新たにこのような意味を持つようになってきたからだ。

ｉＰａｄ（アイパッド）で代表されるデジタルメディアを「文明」とすれば、本や雑誌などの活字メディアは「文化」である、と著者は考える。

誰もが利用でき、便利で重宝なことこのうえなく、効率もよいが、とかく画一的で千篇一律、あくまでも日用品（コモディティ）であり続ける「文明」のデジタルメディア。

独自性や個別性はあるものの、コピー（複製）ひとつ作るにも厄介で効率が悪い「文化」の活字メディア。

ふだんの暮らしでデジタル文明の便利さや重宝さをしっかり享受しながらも、それがもたらすひずみや弊害にうまく対応していけないか。

ネット・ウェブ真っ盛りのなかだからこそ、「文化」としての本に新しい視点から光をあて、ひとつの解決の道筋を探れないか。

「底力《そこぢから》」とは「底にひそんでいて、いざという時に発揮する強い力、能力」と、広辞苑にある。

「本の底力」――。

それが必要とされるのは、おそらくいまこの時を置いてほかにない。

そう、はやり言葉でいえば、「いつやるか。いまでしょ」である。

ネット・ウェブ時代のひずみや弊害を緩《ゆる》め和《やわら》げる手立てとして、本の底力にいま、期待がかかる。

本の底力——ネット・ウェブ時代に本を読む＊目次

装幀——虎尾　隆

第一章　ネット・ウェブ真っ盛り

一　デジタル点景

世界文化遺産・富士山のストリートビュー公開

「わが国の最高峰富士山のストリートビューを公開します。日本一高い場所のストリートビューとなります」――米グーグル日本法人は、富士山が二〇一三年六月にわが国一三番目の世界文化遺産として登録されたのを受けて、間髪を入れずそのストリートビューを一般公開した。

登山客に人気のある富士吉田ルートの一合目から三七七六・二四メートルの剣ヶ峰山頂までを撮影し、パノラマ写真一万四〇〇〇枚を使ってストリートビューを構成した。山頂の浅間大社奥宮などを一周する「お鉢巡り」の光景も、ストリートビューとして見ることができる。

撮影に協力したお膝元の山梨県では、「世界遺産への登録をきっかけに登山者の増加が見込まれるが、山に登る前に一度ストリートビューで下見し、安全登山を心がけてほしい。国内だけでなく世界中の人々に、ストリートビューにより世界文化遺産であるわが国最高峰の山の美しさを見てほしい」（公開記念式典に参列した横内正明山梨県知事のあいさつ）と強調する。

グーグルはこれまでユネスコと手を結び、世界各地の世界遺産を撮影し、提供してきた。わが国についてはは屋久島や小笠原諸島などの世界遺産も撮影、ストリートビューとして公開している。

全国の「ウェザーリポーター」、天気予報の精度向上に活躍

全国津々浦々の会員三〇万人をウェザーリポーターとして動員し、所持するスマホや携帯を使って気象データを収集してもらい、見返りに各地の最新の気象に関する情報や天気予報を提供する――気象情報サービス大手、ウェザーニューズの試みが威力を増してきた。

「ウェザーリポーター」とは「雨上がりの虹・ふと感じる風の息・小さな草花から聞こえる季節の足音……今そのとき、五感で感じた天気や季節をリアルタイムに発信する人々」（同社ホームページ）のことである。

ウェザーニューズの天気予報は、同社が自前で全国に設置した気象レーダーの予測値に、各地のウェザーリポーターから寄せられたデータを組み合わせて作成される。

リポーターの持ち歩くスマホや携帯のカメラ機能やGPS（全地球測位システム）が、全国に張り巡らされた簡易版気象レーダーのセンサーという位置づけだ。現地の気象データをピンポイント

できめ細かく即時に把握できるようになり、天気予報の精度は以前に比べ、大きく向上したという。

この仕組みを活かして、ピンポイントの予測がむずかしいゲリラ雷雨の予報や、桜前線北上にともなう各地の桜開花予想などに応用することを目指している。

これもビッグデータ活用の一例だ。


頼みの綱の安否情報データベース「パーソンファインダー」


二〇一一年三月一一日——東日本大震災。

岩手、宮城、福島三県を中心に甚大な被害をこうむり、被災者は家族、知人、住居、職場、風光明媚な景観を失い、瓦礫やヘドロの中で途方に暮れ、立ち尽くした。

それらの被災者に手を差し伸べたデジタルメディアは、その有用さをあらためて強く印象づけた。

「パーソンファインダー」——グーグルは地震発生の二時間後から、被害を受けた人の安否にかかわる情報をはじめ、避難民の消息、避難所情報などを提供し始めた。

利用者は「パーソンファインダー」に設けられた「人を探している／消息情報を提供する」欄にアクセスし、必要な情報を得たり、自分が持っている消息情報を入力したりする。登録件数は三千件からスタート、最終的には六七万件に達した。登録され、照会された情報のおよそ半分は、家族や友人の生死や安否をたずねる切実な内容だった。

現に「警察や消防署、役所のどこに聞いてもつかめなかった知人の消息が、このウェブ上のサイトを見てはじめてわかった」という声があちこちから聞こえた。

パーソンファインダーは、米グーグルの「クライシスレスポンス（災害対応）」プログラムの一環として、米国ニューオリンズを襲った大型ハリケーン「カトリーナ」災害以降、ハイチで起きた二〇一〇年二月の大地震、中国・四川大地震、ニュージーランド・クライストチャーチ地震でも利用された。二〇一三年一一月にレイテ島など、フィリピン中部を襲った中心気圧八九五ヘクトパスカル、最大瞬間風速九〇メートルという史上最大級の「ヨランダ」（台風三〇号）は、壊滅的な被害を与え、同国だけでも六〇〇〇人を超す死者や一四〇〇万人にのぼる被災者を生んだが、パーソンファインダーはここでも活用された。

緊急節電対策——「ヤシマ作戦」

ヤシマ作戦概要

午後六時から電力が著しく不足します。

街のネオンや、ゲームセンターやパチンコ店。
店に並ぶ機器類の電源を止めてください。
東京電力の電源需要量のピークは
午後六時から同七時です。
上記時間帯においては極力電力の
消費を避けてください。
炊飯時間をずらすだけでも
救える命があります。
皆さまのご協力をお願いいたします。

特務機関ネルフ　広報部

「ヤシマ作戦」とはもともと、アニメ『エヴァンゲリオン』の物語のなかで、日本全国から電力を強制動員してかき集め、その電気パワーを使って陽電子砲により射程範囲外から敵を狙撃しようという作戦。人類を襲撃する謎の生命体「使徒」を破壊、殲滅するためである。

このメッセージを発信した特務機関ネルフとは、「使徒」殲滅を任務とする国連直属の非公開組織だ。箱根・畑宿にある二子山の地下に秘密本部が置かれている。

福島原発事故や東北大震災にともなう一部発電所の稼働停止などにより、関東や被災地などで大規模停電が起きかねないことから、緊急に節電を呼びかける運動が『エヴァンゲリオン』にあやかり、「ヤシマ作戦」と名づけられた。

「ヤシマ作戦は当初、小さなコミュニティの何人かが個別に呼びかけ始めたものです。（三月）一二日午前一〇時ころから始まりました。……この活動の結果だけではありませんが、節電協力の効果はたしかに上がっており、……予想よりもかなり良い状況で節電できました。……この活動をつづけるにあたり、エヴァンゲリオンの版権元から作戦の名称や画像の使用について寛大な対応をしていただきました。心からお礼申し上げます。」

「ヤシマ作戦」のホームページはこのように伝えた。

活動はどの程度広まったのか。

「正確な値はわかっていない」としながらも、「ツイッター上初期の段階で、五万リツイートを観測」とコメントしている。これらのメッセージも、始まって一週間経たないうちに、一一カ国語に翻訳され、内外に情報提供されるようになった。ウェブ上のサイトへのアクセスはその週だけで全世界から五〇〇万件を超え、ツイッターによるつぶやきは二五万を上回ったという。

ウェブ上のやりとりに共通するのは、不特定多数の需要・供給者から大量のデータや情報を集めて内容を照合し、需要・供給双方が必要とする適切解をすみやかに選び出してサイトに載せ、公開することである。

情報やデータ量が膨大で出し手や受け手が多数であっても、瞬時に処理する。

先の阪神大震災が起きたのは一九九五年。インターネット元年といわれた年である。

東日本大震災はそれから一六年。

デジタルメディアが私たちの日常生活に「文明の利器」として着実に浸透しており、未曾有の非常事態にも十分役立つことを示した。「まさかの友は真の友」――非常時や緊急時に役立つこれらの存在は、強力な援軍となり、心強い味方となった。

二 スマホ席巻

「パソコンなどデジタル機器の価格はこれまで、「ムーアの法則」に沿い二年足らずで半値に下がってきた。今後も間違いなくそうなる。私たちの携帯電話のなかには、米ヒューストンで最初に打ち上げられた宇宙ロケットの制御コンピューターに匹敵する高性能のチップが入っている。驚くべき速さで技術が進み、価格が劇的に下がったということだ。最近訪れた途上国アフリカでは、ほとんどの人がひとりあたり一日一ドル以下で暮らしている。でも携帯はちゃんと持っていて、その充電に一日二五セント費やす。なんと携帯の充電代に生活費の四分の一を充てている」――日本記者クラブ（東京・内幸町）の記者会見で、米ＭＩＴ（マサチューセッツ工科大学）メディアラボ所長の伊藤穰一はこう切り出した（二〇一三・六・四）。

米国のＭＩＴメディアラボはＩＴ（情報技術）や情報社会を先導する研究機関として世界に知られる。コンピューター学者ニコラス・ネグロポンテが創設し、みずから初代所長の椅子に収まった。

同ラボが迎えた四代目の所長が伊藤である。日本人として初めてだ。同氏は米ニューヨーク・タイムズやソニーの社外取締役も務める。

思ったより小柄だが、力のある大きな眼《まなこ》。語尾が明瞭で、確信のこもった話し振りである。グレイのスーツに白ワイシャツ。それがやや太り気味の身体で弾《はじ》けそうだ。

「西暦はキリスト生誕を基準に紀元前（ＢＣ）と紀元後（ＡＤ）に分けられる。その伝でいけば、世の中はインターネット登場（一九九五年頃）を境に、ネット以前（ＢＩ＝ビフォア・インターネット）とネット以後（ＡＩ＝アフター・インターネット）に二分して考えたらよい、と私は思う。そしてもはやＢＩの世界に立ち返ることはできないということを、私たちはあらためてよく認識する必要がある」――口早にこう言い立てる。

総務省の「通信利用動向調査」によると、わが国のインターネット利用者数は一億人を超え、人口あたり普及率は八割以上に高まった。ネットの利用は五〇～六九歳のシニア世代でもはっきり拡大傾向にある。

スマホの世帯普及率は六割を上回り、タブレット端末の普及率も二割を超すなど着実に浸透し、スマホやタブレットによるネット利用は急増している。三九歳以下では、スマホ・タブレットをあわせたネット利用が、パソコンによるネット利用を凌ぐなど、家の内外を問わず、スマホによるネット利用が急成長している（「平成二十四年通信動向調査」）。

世界全体でスマホの出荷台数は一〇億台を突破する見通し。携帯電話全体では約一八億台で、スマホが過半を占める（米調査会社ＩＤＣ　二〇一三・九・四）。

国内でＳＮＳ（ソーシャル・ネットワーキング・サービス　以下交流サイト）のフェイスブックを使う人は一五〇〇万人、ツィッターは一四〇〇万人に、それぞれ増えた。

フェイスブックの利用者は世界全体で一〇億人を超すまでになった。ツイッターの一日あたりの「つぶやき」は約五億件にのぼるとされる（いずれも二〇一二年）。日本発の交流サイトであるＬＩＮＥも利用が急増、世界の利用者数が四億人を超えた（二〇一四年四月）。

スマホが巻き起こした変化は、大型汎用コンピューター、パソコン、インターネットに続く第四のＩＴ（情報技術）革命ともされる。

わが国のインターネット黎明期に、村井純慶応大学教授らとともにその促進に貢献した米スタンフォード大・東京大名誉教授の釜江常好は、二一世紀以降のインターネットの発展には四つのポイントがあると指摘する。

・クラウドサービスの進展にともない、利用者が手元のコンピューターやパソコンのCPU（中央演算処理装置）能力により制約を受けることがなくなった

・SNS（交流サイト）が普及した

・キーボードやマウスだけではなく、タッチパネルにより操作できるようになった

・利用者がGPS情報をごく当たり前に利用できるようになった

――である（CAUA総会　東京新宿・京王プラザホテル　二〇一四・六・一九）。

インターネットはまさに人類が初めて手にした「史上最大の情報やデータの保管庫」であり、ウェブ上に載せられた古今東西の知識やデータベースは、スマホにより地球上の誰もがどこからでも手軽に利用できるようになった。

第二章　ネット・ウェブ　いくつかの気がかり

ネットやウェブがふだんの生活の隅々に浸透するにつれて、デジタル化にともなう異変やひずみも目につくようになってきた。

一　高まるデジタル依存度

世界に広がるＬＩＮＥ利用者

個人の生活でネットやウェブに依存する度合いは急激に高まっている。

和製交流サイトＬＩＮＥの社長森川亮は、日本外国特派員協会（東京・有楽町）で開かれた報道関係者の昼食会席上、「ＬＩＮＥ（ライン）の世界戦略」と題してこう説いた。

「三・一一東日本大震災のとき、電話がつながらず困惑していた数多くの被災者がいた。その様子を見て、当時仕掛り中だったＬＩＮＥの開発に拍車をかけ、一カ月半で製品発表にこぎつけるこ

とができた。ＬＩＮＥとしてはいずれ、世界を股にフェイスブックを超す利用者を獲得したい」（二〇一三・五・九）

もの静かな話しぶりだ。ボソボソと語尾が聞き取りにくいことがある。かと思えば、折々話の最中に大きく声をあげて笑う。グレイの縞のシャツにノーネクタイ、黒ぶちの眼鏡をかけ、ひげが濃く丸い温顔。濃褐色の髪の毛を真ん中から二つに分けている。

同氏によれば、交流サイトであるＬＩＮＥの特徴は三つある。

「初めからパソコンは捨てて、スマホ向けに特化したこと」

「知らない人との交流に疲れを感じているＳＮＳ利用者に向けて、知り合い同士だけで使う非公開（クローズド&プライベート）のネットワークにこだわったこと」

「情報（インフォメーション）よりは情緒（エモーション）を重く見てメールそのものを工夫した」――。

パソコンから携帯へ、さらにスマホへ、利用者による使われ方も音声の通話だけではなく、メール、そしてメッセージへと移りつつある。

ＬＩＮＥのメッセージを象徴するのが、喜怒哀楽などの感情を表現する数々のスタンプだ。メッセージのやり取りに使われるアイコン状のイラストで、無料のものはもちろん、ひとつあたり二〇〇円といった有料のものもある。

ＬＩＮＥの利用者は海外でも急増、台湾やタイ、中国などのアジア圏、スペインなどのスペイン語圏、さらにドイツや、フランス、イタリアなどの欧州にも広がりつつある。わが国では約五〇〇〇万人とスマホの契約数とほぼ同数、全世界では二三〇カ国四億人に及ぶ。サービスを開始してから一九カ月後に、利用者は早くも一億人の大台に乗った。これは、ツイッターが四九カ月、フェイスブックが五四カ月かかったのに比べ、より速いペースという。「若い人の中には、ＬＩＮＥを使って一日に一〇〇〇件ものメッセージを発信する人がいる」（同氏）。

東京証券取引所に上場を申請、世界を股に破竹の勢いの快進撃を続ける。もともと韓国ＮＨＮグループ翼下の日本法人ＮＨＮジャパン（現ＬＩＮＥ）が開発した交流サイトだ。

「ネット依存症」中高生、五〇万人を超える

そのような状況のなかで、厚生労働省の研究班（代表者・大井田隆日大教授）は「インターネットに病的に依存している」中・高校生は全国で五一万八千人に上る――こんな調査・推計結果を明らかにした。調査は二〇一二年一〇月から一三年三月にかけて実施され、無作為に抽出された中学・高校の約一〇万人から有効回答を得た（有効回答率は七割強）。

今回の調査が未成年の喫煙・飲酒状況の調査に付属して実施されたこともあり、全国規模でこのような調査がおこなわれたのは初めてという。

調査では「インターネットに夢中になっていると感じるか」、「インターネットの使用時間を減らしたり、やめようとしたりしたが、うまくいかなかったことが度々あったか」、「ネットの使用をやめようとした時、落ち込みやイライラを感じたか」、「ネットのため、大切な人間関係、学校、部活を危うくしたことがあったか」など八項目を質問、五項目以上あてはまると、健康や暮らしに悪影響が出るほどネットを「病的に使用」しており、「依存の疑いが強い」と分類した。

依存症、つまり「病的に依存していると強く疑われる」と認定されたのは、中学生六%、高校生九%。平均して中高生全体の八%強。この比率をもとに、全国の中高生で五一万八千人が「病的にネット依存のおそれが強い」と推計した。

男女別では女子一〇%弱、男子六%強と、女子のほうが依存の度合いが高い。

中高男女別にみると、使用時間で最も長いのも高校女子で、「平日で五時間以上」が一五%強、同男子は一四%弱。休日では「五時間以上」が高校女子で二二%と最長で、高校男子が二一%弱。「チャットやメールをたくさん使う」ため、女子の依存率が男子に比べて高く、使用時間も長い、と研究班は分析している。直近一カ月で最も多く使ったサービスは「情報やニュースなどの検索」で七割弱（複数回答）、以下「動画サイト」「メール」の順という。

「ネット依存」とされた中高生のうち、「睡眠時間が六時間以下」「（ネット利用翌日の）午前中の体調が悪い」など、その悪影響は暮らしや健康にすでに及んでいる。

兵庫県立大環境人間学部准教授の竹内和雄は「大学生は新聞を読まず、ニュースはヤフーニュース。通学途中には本を読まず、電車の中では、LINEやツイッターで友達との情報交換ばかり。下宿部屋の多くにはテレビがなく、話題のドラマなどはユーチューブでこと足りるという。……(だが)大学生以上に中高生への影響が大きい。特にガラケー(これまでの携帯)からスマホに移行しつつあるいま、問題が大きくなってきている。スマホはガラケー以上に依存性が高く、多くの子どもたちが危機に直面している」と指摘する(日経BP社ウェブマガジン「ITpro」二〇一三・六・三)。

これまでの携帯に比べると、スマホには操作性が高く性能もよくてパソコン並みに使える、多様なアプリをダウンロードして利用できる、加えてWi-Fi(無線LAN)を使えば有害サイトへのアクセスも制約されない——などの特徴がある。

「ADT(注意欠陥特質)症候群」——日頃イライラしていませんか?

「ネット依存症」のような状況は若い人たちだけにとどまらない。

厚生労働省がおこなった別の調査によると、スマホやパソコンの使い過ぎで健康や暮らしに影響が及ぶ「インターネット依存」の成人男女は、全国で推計四二一万人に上ることが明らかになった。(二〇一三年七月調査)。

毎日がフェイスブックやらツィッターやらに追い回されてやたら忙しい、さしたることもしていないのにeメールの処理やら何やらで四六時中気ぜわしく、アッという間に一日が経ってしまう——ネットやウェブを使っている周りの人たちから、こんなボヤキを聞かされる場面が増えてきた。

思い浮かぶのは、サン＝テグジュペリの『星の王子さま』の一場面である。

サハラ砂漠に遭難し不時着した飛行士の「私」はたまたま「星の王子さま」と出会い、王子から唐突に「(自分の住む星の花はなんでトゲをつけているのだろう、) トゲはいったい、なんの役に立つの?」と問いかけられる。

が、遭難機の修理に追われて手いっぱいの「私」は、「なんの役にも立ちゃしないよ、花はいじわるしたいから、トゲなんかつけてるんだ」と思いついたまま答えて、王子から手厳しくとがめられる。

あわてて「私」は修理の手を休めることなく「いまはだいじなことで忙しいんだ」と言い訳するが、王子からさらに「だいじなことだって? ……ぼくの知ってる星に赤ら顔の男がいてね。その男は花の匂いなんかかいだこともないし、星を眺めたこともない。だれかを愛したこともないし、計算以外はなにひとつしたことがない。そして日がな一日、きみみたいに、忙しい忙しいと口ぐせにいいながら、それを自慢している」とたしなめられてしまう。

王子からは重ねて次のように言い立てられる。

「誰かが、何百万もの星のどれかに咲いているたった一輪の花が好きだったら、その人は、それらのたくさんの星を眺めるだけで、しあわせになれるんだ。そして、〈自分のすきな花が、どこかにある〉と思っているんだ。でも、もし（トゲでもってなんとか身を守ろうとしている）その花がヒツジに食べられてしまったら、その人の星という星が、とつぜん消えてなくなるようなものなんだけど、きみはたいしたことじゃないっていうんだ！」（サン＝テグジュペリ『星の王子さま』）

日頃メールやフェイスブックに追われて忙しくてたまらないというのは、それはそれとして、そのためになにか欠かせないことやほかの大切なことがついおろそかになっていないだろうか。

花の匂いをかいだり、星を眺めたり、だれかを愛したりすることから、ついつい遠ざかってしまっているのでは……。

津波のように、瞬時に押し寄せる圧倒的な量の情報やデータ、しかもそれらの情報やデータは玉石混交であり、なかには悪意を込めて創出されたものも含んでいる——。

どの情報やデータなら信頼に足るのか、次から次へと際限なしにもたらされる情報やデータはこれまでのものを置き換えて「上書き」すべきなのか、あるいは新たなものとしてどこかに新しく格納すべきなのか、判断に迷う。

溢れんばかりの大量の情報の波に押し流されて、自分がいま、どのような立ち位置にあり、どちらを向いており、これからどこに行くべきなのか、戸惑う。

見当識ということばがある。

それを失った状態が「失見当識」だ。見当識障害ともいい、現在の時間、場所、方向感覚が失われたり、違いを正しく認識できなくなったりすることを指す。意識障害や認知症の症状のひとつとされる。

あまりに多くの情報やデータの波に洗われて爪先立ち、果てしない情報の海原の水面上に辛うじて口を出し息をついているものの、自分の置かれた状況や方向がわからず、足元も地についていない。デジタル機器を介した情報やデータのやり取り、それに伴い必要となる対処や措置、行動に追われ、しかもそれが後から後から切れ目なく続いて思わず天を仰ぐ、といった状況だ。

「スマホは人間をバカにする?」という見出しを立て、「スマホの画面を常にチェックしたり、夕食を食べながらフェイスブックの情報を更新したりしなければならないことによって、われわれは考えの浅い人物、そして、感情の希薄なゾンビと化しつつある。……スマホは当初われわれの生活を向上させるための道具だったにもかかわらず、いまではわれわれの生活を乗っ取りかねないものに化しつつある……」と米ウォール・ストリート・ジャーナル電子版は報じる(二〇一三・二・二八）。

横浜国立大教授の室井尚は「情報量の圧倒的な増加、そしてその発信、受信の可能性の拡大、スピード・アップに対して、われわれは急速に過去の身体感覚を失いつつある。……身体はかつて「モノ」メディアにおいて有していた起源としての精神への近さという特権を失い、むしろこの浮遊する情報ネットワークの中に組み込まれたシリコンチップと化すのである。すなわち、身体もまたインタフェース……に組み込まれた情報端末として……生きるようになる」（『メディアの戦争機械』）と指摘する。

こうした精神状態や行動は「私になじみのあるもうひとつの世界とよく似ている。注意欠陥障害（ＡＤＤ）だ」と説明するのは、この分野が専門の米精神科医エドワード・ハロウェル。ＡＤＤの人たちにみられる典型的な行動の特徴として、次のような点を挙げる。

・忙しく走り回り、せっかちで、スピード好き
・邪魔をされるとすぐに怒り出すなど、イライラしやすい
・仕事や会話の途中で集中力がとぎれ、ちょっとしたほかのことに注意がそれる
・とても忙しいと感じているのに、それほど多くを成し遂げていない
・やるべきことが山積みになると無力感にさいなまれ、いつも完成を先延ばしにする

そして、このような「現代生活病」ともいえる症状を抱え込んでいる人が多いのではないか、と

して、こうした症状を「注意欠陥特質」（ＡＤＴ）と呼んでいる（ハロウェル『ビジネスパーソンの時間割』）。

『星の王子さま』のデジタル版「忙しい、忙しい症候群」である。

「痛キャラ」「トップレス」「ソーシャルデトックス」……

ネットやウェブに依存する若い人たちが増えてきたことだけが問題なのではない。ネットやウェブの使い方の習慣や利用方法にも疑問符がつく。

まずは、ＳＮＳなどの交流サイトが、新しい知り合いを探したり未知の人との出会いを求めたりするためというより、どちらかといえば日常の友人、知人、仲間同士の単なるやり取りに多く使われる結果となっていることだ。フェイスブックの「いいね！」をやたら乱発したり、「いいね！」を待ち望んで一喜一憂したりする「ＳＮＳ疲れ症候群」といった現象も出始めている。

しかもそれだけ時間をつぎ込んで、フェイスブックに書き込んだりメールで返事を返したりするやり取りのなかで、互いに何かを共有したり仲よしであったりという「共同体」意識を瞬間的に抱いたとしても、その束の間の「幻想」によって新たなものが自分の生活に加わったり変わったりしたかといえば、本質的にはなにも変化していない場合が多い。

ゲリラ豪雨の際、ＬＩＮＥによって緊急避難を呼びかけたり難を逃れることができたりした例がある一方、広島県呉市の山中で女子高生の遺体が発見された事件では、加害者とその仲間や被害者がLINEを使って「さっさ死ねや、ぶす」「埋めに行こうか？」「みんなで殺そか」などと、ならず者かヤクザまがいの言葉のやり取りを繰り返し、ついには殺害に及んだいきさつが明らかになっている。

言葉づかいもさることながら、いっそう問題なのはその中身だ。

確かにネットは検索や地図、鉄道やバスの路線検索、価格比較、予約、通信販売などでは、本来の機能を発揮する。だがツイッターやフェイスブックで政治や社会問題などのまじめな話を取り上げると、場の空気を乱す「痛いキャラ」とか「痛キャラ」として敬遠されてしまう雰囲気があるとされる。「痛キャラ」とは、「見ていてこっちが気恥ずかしくなる、痛くなる」という意味のネットスラングだ。

つまるところは、○○の油ソバはどうだの、ネットの××でチョー安値で△△をゲットしただのといったグルメや買いものをめぐるやり取りなど、「痛くない」無難な話題に終始する結果となる。本来ならITにより能率を上げ、仕事や勉学をいっそうはかどらせるべきものが、ネットやメールにいたずらに時間が費やされ、肝心の仕事や勉学に取り組む暇がなくなってはいないか——。

このような危惧から、会社の中には「ノー・電子メールデイ」や、デジタルメディアをできるだけ使わないで済ます「トップレス」や「ネット断食」の日を設ける動きも出てきたという。「トッ

コラム 「母と息子のｉＰｈｏｎｅ利用契約書」

「一三歳の息子と交わしたｉＰｈｏｎｅについての利用契約書」――。

二〇一二年のクリスマス、米国の母親ジャネル・ホフマンさんが息子のグレゴリー君にプレゼントとしてスマホ「ｉＰｈｏｎｅ」（アイフォン）を贈るときに、その使い方について一八項目にのぼる約束を取り交わした、として話題をよんだ。

ホフマンさんは米東部マサチューセッツ州に住み、グレゴリー君は五人兄弟の長男で当時一三歳。

グレゴリー君にプレゼントされたスマホは、あくまでも母親が買い求めて貸与したものであり、月々の支払いも母親がおこない、パスワードの管理も母親がおこなうことを前提にしている。

「規則が守られなかった場合、使うことを禁止します」という約束のあらましは次のようなものだ。

・もしスマホが鳴ったらちゃんと出ること。これは電話なのだから。そして「ハロー」ときちんと応対しなさい。ママやパパからの電話だとわかっても無視することなく、手に取ること。

・学校がある日は午後七時半に、週末は午後九時に携帯を親に手渡すこと。夜間は電源を切り、つけるのは朝午前七時半を回ってから。もし相手の親が出るかもしれないから固定電話にはかけないというのなら、その相手とはスマホでも電話したりチャットしたりしないこと。

・スマホは家に置いて学校に行くこと。チャット相手とは直接話をしなさい。
・落としたり、壊したり、失くしたりしたときの費用や修理代は、自分で負担すること。
・携帯を使って人に嘘をついたり、バカにしたり、だましたりしないこと。
・面と向かって言えないようなことや相手の親がいるときには言えないようなことを携帯でチャットやメールをしたり、言ったりしないこと。
・ポルノは禁止。ウェブではこっそりではなく、一緒に見ても差し支えないような内容のものにしなさい。
・むやみに沢山の写真やビデオを撮らないこと。まずは実際に自分で体験してみなさい。それによってあなた自身に記憶として永久に刻み込まれます。
・時々携帯を家に置いて出かけなさい。携帯は生き物ではないし、あなたの身体の一部でもありません。それなしにやって行くことも学んでほしい。
・目を上に向け、あなたを取り巻く世界に何が起きているか見てみましょう。窓外に目を転じ、鳥の鳴き声を聴いてみましょう。外を歩きましょう。見知らぬ人と言葉を交わしましょう。グーグル検索から離れ、自身であれこれ思案してみましょう。

（ホフマンさんが電子新聞「ハフィントンポスト」米国版＝二〇一二・一二・二八付、に寄せた本人のブログのあらまし）

そのうえでホフマンさんは「何か問題を起こしたら、携帯は取り上げます。ここに掲げた項目の多くは、iPhoneに限らずこれから生きていくうえでも大切なこと。あなたはこれから、めまぐるしく絶え間なく変化していく世界の中で成長していく。それはどんなにか面白く、魅惑的なことか。世の中でこれから出会うものごとについては、できるだけ単純に受け止めてほしい。そしてどんな文明の機器よりも、まず自分自身の強い気持ちとおおらかな心を信じて歩んでいってほしい」と、この「契約書」を結んでいる。

「ｉＰｈｏｎｅの利用契約書」はブログに登場するや、数カ月の間にフェイスブックで一〇万にのぼる「いいね！」を集め、米ＡＢＣをはじめとするテレビ、新聞、雑誌などで盛んに取り上げられた。

新しい「文明」の利器に、世の中のごく当りまえの良識や常識、さらにはこれまでつちかわれてきた身の周りの「文化」でもって、懸命に対応しようとする母親の熱心な姿勢が、多くの人々の共感を呼んだからだろうか。

プレス」とは何も上半身裸のまま、というのではない。ラップトップ（ノート）パソコンやスマホなどのデジタル機器を会議に持ち込まないようにすることだ。

「ソーシャルデトックス」という言葉も生まれた。もともとデトックスとはデ・トクシフィケーションつまり、「解毒」を短縮した言葉で、体のなかから毒素や老廃物を取り除くことを指す。ソーシャルデトックスとは交流サイトのＳＮＳ、つまりソーシャル・ネットワーキング・サービス疲れを取り除き、解消するという意味合いである。

このような状況に呼応して、ＳＮＳのフェイスブックやツィッターの使い過ぎに注意を促すため、使用を一定期間休めば「抽選でプレゼントがあたる」という広告キャンペーンを打つところまで出てきた（日本コカ・コーラ「からだ巡茶」）。

二　変質する読書

スマホや電子書籍用端末が広がるにつれて、「本」の読み方が変わってきたことも懸念材料だ。

本を「浅く」読む

「本の読み方がすっかり変化してしまったのではないか」——日本出版学会が東京経済大学（東

京・国分寺）で開いた「国際記念フォーラム」（二〇一二年一〇月）のシンポジウムやパネルディスカッションでは、こう憂える声が相次いだ。

テーマは「デジタル時代の出版および出版文化」。講演者やパネラーとして海外から招かれた韓国の尹世珉《ユンセミン》（敬仁女子大学）や中国の任火《レンホウ》（河北聯合大学出版管理センター）らが、異口同音にのろしを上げた。

「（iPadやキンドル、スマホによる）デジタル革命が本の読み方を変えつつある。これまでのあくまでも文字中心だった読書が視聴覚中心に、ひたすら集中し本を読んでいたのが拡散して一方向から双方向に、論理認識としての読書体験が印象イメージを眺めるだけの読書へ、という変化である。読書はこれまで、本のテキストとやり取りすることで読み手の思惟や認識を深めるというものだった。が、いまやそれがハイパーテキスト（コンピューター上複数の文書を互いに関連付け参照できるようにした仕組み）の画面をただ感覚的に眺めるだけの読書へと変わってきた」（尹）。

「即時性、随意性、断片性はデジタル出版の特質でもあるが、それによって従来の読書そのものが「浅くしか読まない」という文化に大変わりしつつある。もともと出版の本質は、「深く読む」文化を広く長く世に伝えることにあったが、いまやその面影はなくなりつつある」（任）。

それぞれ懸念を示すとともに、「出版はこれまで、人類の文化と知識を発展させる役割を受け持ってきた。それは紙の本であれ電子書籍であれ、これからも変わってはいけない。出版が担ってきた役割と機能を今後、どう受け継ぎ発展させていくか考える必要がある」とそれぞれ訴えた。

尹や任がいう「深く読む」文化とは何か。

本を読むというのはもともと、読み手の閉ざされた時間と空間のなかで、紙面の活字をひたすら目で追いかけ、書き手の言葉の海のなかからはじめて出会った知識や思惟の固まりを掬い取り、息を呑み、惟《おも》んみ、与《くみ》し、あるいは異を唱えて悲憤慷慨する、ということである。

インターネットやウェブではしかし、こうはいかない。さまざまの情報やデータが軽重、大小、後先、真偽の区別なく提供され、利用者を撹乱し、注意を散漫にさせる。

本の読み方とネットへの接し方の間には、紙に印刷された冊子と電子端末上にデジタル処理され表示された画像という見かけ上の相違だけではなしに、「集中」と「拡散」、「思索」と「感覚」、「深化」と「浅薄」という大きな違いがあるのだ。

インターネットの普及に伴い、参照するのにハイパーテキスト、動画、音声などをオンラインで手軽に利用できるようになり、手間暇かけず、情報や知識を活用できるようになった恩恵は大きい。が、その見返りに読書によって獲得できていた「集中」「思索」「深化」など、失いつつあるものも小さくない。

「マクドナルド化」が「グーグル化」先導

iＰａｄやキンドル、スマホなどにより、誰もが手軽に情報や知識を獲得したり活用したりできるように変化した、というのはなにも本や出版の世界に限った話ではない。

視野を少し広げて、グローバル・ローカルという視点から見てみよう。

地球はますます小さくなってきた。

ＩＴ技術の大規模の急速な革新に伴い、商品やサービスの「グローバル化（グローバリゼーション、地球規模化）」がたいへんな勢いで進んでいる。グローバル化とは「地球規模で市場経済化が進む」ことだが、それにより経済や産業・企業だけではなく、国の政治・外交・社会・技術、私たちの生活・文化・家庭などの隅々にいたるまで広く影響を受けるようになった。

「もの」ではなく「サービス」という違いこそあれ、米ハンバーガーチェーン、マクドナルドが展開するファストフード事業は、グローバル化の草分けといっていい存在だ。

米国のマクドナルド兄弟が一九四〇年にカリフォルニア州で始めた「マクドナルド」に、米企業家のレイ・クロックが関心を抱いて事業を買収、ハンバーガーのフランチャイズ・チェーンを展開したのがそもそもの始まり、とされる。

いまや世界をまたにかけ一一九カ国三万四〇〇〇店で、毎日六九〇〇万人の客にハンバーガーを売る（二〇一三年五月）。東から西、北から南まで、販売されるのはビッグマックなどの画一的なマクドナルド・ブランドの製品だ。

店ではなく工場でハンバーガーを作り、チェーン店に配送するシステムを整えるとともに、セルフサービス、つまり注文した商品を顧客自身がカウンターで受け取り、さらに自分の席まで持ち運ぶやりかたを組み合わせた。今日にいたるファストフード事業の基本である。

米社会学者ジョージ・リッツアによると、マクドナルドが成功を手にしたのは「効率性」「計算可能性」「予測可能性」「制御」の四つの要素による。

自動車で移動することの多い社会では、ドライブスルーの案内に沿って進むだけで車を降りずファストフードのハンバーガーを買い求められるなど、手間暇かけずに空腹を満たすやり方が工夫され（効率性）、ビッグマックやLサイズのマックスフライポテトが「大きいことはよいことだ」としてコスト安の印象を伴いながら提供され（計算可能性）、ハンバーガーの味や提供されるサービスはどの店に行っても同じという安心感があり（予測可能性）、メニュー選択の余地はあまりなく、行列に並ぶことが求められ、さっさと食べて即出て行ってほしいといわんばかりの客あしらい（制御）である――（リッツア『マクドナルド化した社会　21世紀新版』）。

マクドナルドが世界の国々で圧倒的な成功をおさめた結果、他分野のモノやサービスにも同様のやり方が波及し、「マクドナルド化」現象と呼ばれるようになった。

以前に比べて、マクドナルド化は
・はるかに多くの人々がさまざまな商品とサービスを利用できるようになった
・時間や場所によらず、いつでもどこでも商品やサービスをすぐに使えるようになった
・迅速で効率のよい商品やサービスが、時間の余裕がない人々に誂え向き
・はじめてのところでも、ふだん利用している商品や店の雰囲気が共通で、心安い
・社会階級や人種、老若男女にかかわりなく、人々が同等に遇される

などをもたらした。

実はこれらのファストフードの「マクドナルド化」現象は、モノとサービスなど中身や細部の違いこそあれ、デジタル化に伴う最近の「グーグル化」や「アマゾン化」の現象にそっくりそのまま置き換えることができる。

つまり、ウェブやインターネットにより実現したグーグル化やアマゾン化により、

「誰もがさまざまな商品とサービスを利用できるようになった」

「時間や場所に左右されず、商品やサービスをすぐに使えるようになった」

「迅速で効率のよい商品やサービスが、長時間働いたり、忙しかったりする人たちに重宝がられるようになった」

「相対的に安定していて親しみやすく、しかもどこで利用しても同様に提供される商品やサービ

スにはある種の気安さがある」

「社会階級や人種、性別に関係なく、同等に利用できる」――。

これらはいずれも、普遍性、汎用性、共通性、一律性など、「文明」に属する特性である。「マクドナルド化」も「グーグル化」「アマゾン化」も、「文明」の同じ特性のもとにあるのだ。

文明が持つ普遍性、汎用性、共通性、一律性は一気に国や大陸を超えて広がり、地球規模で社会生活に浸み込み、共通意識を育てていった。「グローバル化」である。アメリカ文明の代名詞ともいえる「マクドナルド化」の地球規模での波及だ。提供される商品やサービスの品質や機能は、国や地域によるもとからの違いや差がなくなり、均質化し、値段も手ごろでだれもが扱えるコモディティ、つまり日用品となった。

日本のコンビニにしても事情はほぼ同じだ。

最大手セブンイレブンは国内に一万六〇〇〇近い店舗を構え、米国で八〇〇〇店、タイや韓国でそれぞれ七〇〇〇店など、グローバルな店舗展開を急いでいる。国内外の店舗数は合わせて五万店を超えるまでになった（二〇一三年一一月）。

国や地域により商品の品ぞろえや店の雰囲気に多少の違いはあるものの、店舗経営の基本方針やノウハウ、マニュアルなどは一律で均質化している。言い換えれば、「グーグル化」や「アマゾン化」も「マクドナルド化」と同様、地球規模の強くて大きい流れなのだ。

モノいう「ムーアの法則」

グローバル化と同様の変化はこれまでにも、一六世紀の大航海時代、一八世紀後半からの産業革命、一九世紀からの資本主義の進展などの段階で多かれ少なかれ見受けられた。だがコンピューターによる情報処理、通信ネットワークの発展、航空・海運・陸運の物流ネットワークの展開などに伴い、変化は二〇世紀後半から一気に加速した。

とりわけ最近のＩＴ分野の革新がもたらした変化は大きい。

ＭＩＴメディアラボ初代所長のニコラス・ネグロポンテはかつて著作『ビーイング・デジタル』のなかで、アトム（物質）からビット（情報）へ――すべてのメディアはビットになる、として「アトムからビットへという変化に後戻りはない。もう止めることはできない」と強調した。

ビットとは情報の最小単位で、二進数の一桁のこと。すべての値を0と1だけで表現する。バイナリー・デジット（binary digit）の略である。半導体やコンピューターなどの内部や通信では、すべてのデータや命令は0か1の二進数で扱われる。

ビットは、はじめは情報や通信に関するあくまでも技術的で基礎的な用語であった。が、いまや人類の過去、現在、未来を通してその歩みを解析し俯瞰する道具立てやキーワードとして欠かせなくなっている。つまり文明の発展やグローバル化の進展、さらには世の中の事象の展開のおおもとにはビットの存在があり、ビットの変化や進化の方向に沿うかたちで、コモディティ化、グローバル化、グーグル化が進む。

ビットを支配する「ムーアの法則」とは、「あらゆるコンピューターや通信の基本と構成する半導体チップの集積度と性能は一八カ月ごとに倍増し、進歩する」というものだ。集積度とはIC（集積回路）上に集積された半導体や抵抗などの素子の数である。

米半導体大手、インテルの創業者の一人であるゴードン・ムーア博士がおよそ半世紀前に唱えた半導体の技術進歩にかかわる経験則だ。

それによれば、ICの集積度や性能はおよそ五年後には一〇倍、一〇年後には一〇〇倍、一五年後には一〇〇〇倍に高まっていくことになる。つまり、同じ機能をもつICの価額は五年後に一〇分の一、一〇年後に一〇〇分の一、一五年後に一〇〇〇分の一に下がる結果となる。

別の見方をすれば、性能が向上し価格が累進的に下がっていく半導体チップの存在こそが、いまの文明の発展やグローバル化の進展、モノやサービスの変化、さらには世の中の変革の基本にあるということになる。

紙の本の時代から電子書籍やスマホの時代へ――。

それはなにも本や出版だけにとどまる特別の現象ではない。文明のもと、世の中のすべてのモノやサービスがビットの「ムーアの法則」に則って変化し、均質化し、グローバル化していく。そのグローバル化の流れに掉さす一現象なのだ。

三　情報の「パーソナル化」、じわり浸透

「グーグルの検索で以前のような検索ができなくなってしまった。いまは一昔前のグーグルとは違い、その人が何に関心を持っているのかに関連する検索結果だけが返ってくる。こういったことでは、思いがけない異質な情報やデータと行き会ったり、まったくの偶然に出くわしたりする妙味を、グーグル検索にはまるで期待できないことになる」（日本新聞協会「ネット時代にメディアの公共性を考える」シンポジウム、ホテルグランドアーク半蔵門、二〇一三・六・二二）。

「グーグルはもうだいぶ前から使いものにならなくなってしまった。いまのように過剰にパーソナライズ（パーソナル化）されたグーグルでは、見つけたい情報にはすぐいきつけるが、検索した情報の周りにある「ノイズ」、つまり目的の情報とは違うけれども興味を引くような情報は、見つからなくなってしまった。またネットの情報は、「集合知が世界的な規模で集積しており消滅することのないデータベース」と受け止めていたが、実情はまったく異なる。現に二〇〇〇年前後に載っていたネットの情報をいま検索しようとしても、ほとんどは消去されており、見つけることは

できない」(『マニフェスト　本の未来』日本語版に寄せられた推薦文)。
いずれもジャーナリストで、メディア・アクティビストを自称する津田大介の発言である。同氏はシンポジウムや講演会場から参加者の発言を伝えるツィッター実況を手法として開発し、ツイッター実況は一般的に「ツダる」とよばれるまでになった。最初の発言はパネリストとしておこなわれたものであり、後のは著者が書評を引き受けた本に寄せられた推薦文のひとくだりである。
「はじめのうちは、その膨大な検索対象件数と検索速度に圧倒されて、自分が必要とする情報はすべてグーグルで誰もが同じように客観的に入手できると思ってきた。またインターネットの世界はすべての人やあらゆる意見に対して完全に開かれ、何ものによっても制御されたり制限を受けたりすることはない自由な空間だ、と考えてきた。しかし残念ながら実際はまるで異なる」——と同氏は補足する。

　検索結果がすべて「パーソナル化」されているからだ。「パーソナル化」検索とは、検索結果の適合性を高めるため、利用者の属性や興味、関心に合わせ検索した結果を変換する検索技術である。

　一見したところ、パーソナル化は利用者に個別に応え、個性的に対応しているようにみえる。が、それは決して利用者自らが選び取ったものではない。あくまでもシステムによって、ビッグデータのなかから「利用者の嗜好《しこう》に合致しているだろう、利用者の眼鏡にかなうだろう」と推定された内容が自動的に表出された、いわばお仕着せの中身であり、それらが優先され大部分を占める。

もちろん、たとえばパソコンやタブレットで自分の名前や住所を打ち込んだとき、システム側でそれに見合う漢字に一発で変換してくれるのは、便利だし重宝だ。しかし日常茶飯の決まりきった語句や表現ならいざ知らず、利用者が検索エンジンを使い新たな情報やデータ、知識を求めているのに対して、検索結果が利用者の性向や好みに合わせた格好にねじ曲げられ、提供されるのは遠慮したいところだ。行き過ぎたパーソナル化である。

グーグル、「パーソナル化」検索の導入方針打ち出す

グーグルは二〇〇九年一二月、公式ブログで「四〇か国語に及ぶ全世界を対象として全利用者にパーソナル化検索を導入する」一大方針を明らかにした（http://googleblog.blogspot.jp/2009/12/personalized-search-for-everyone.html）。

利用者が検索したい言葉を入力すると、グーグルは利用者の居住地域をはじめ、過去にクリックした履歴、広告へのアクセス状況、フェイスブックなどの交流サイトの利用結果などをもとに、検索内容をえり分け、利用者のねらいに合うと想定した順に結果を表示する。

例えば「アマゾン」を検索した場合、その利用者の検索のねらいが「米ワシントン州シアトルに本拠を置くネット通販大手アマゾン・ドット・コム」なのか、「南米大陸を流れる世界最大の流域

面積をもつ大河アマゾン」なのかを、利用者の過去の検索履歴をもとに瞬時に選び出し、表出する。

グーグルでは当初、グーグルアカウントを取得しパーソナライズ検索を有効にした利用者だけを対象にしていたが、同社公式ブログどおり、原則としてすべての利用者にこの検索方式を適用することにあらためた。

わが国最大のポータルサイトであるヤフーも、グーグルの検索エンジンを採用している。ポータルサイトとはニュース、メールサービス、オークション、検索エンジンなどを総合的にサービスする玄関や入り口にあたるサイトだ。だから日本のネット・ウェブ利用者の九割以上はグーグルの検索エンジンを使っている結果になる。

グーグルは利用者からどのような項目や情報を入手し、パーソナライズ検索に使うのか。

まずは端末に関する情報がある。利用者のパソコンやタブレット、スマートフォンのモデルやOS（オペレーティングシステム）の種類やバージョン、電話番号などのネットワーク情報などだ。利用者のグーグル使用状況についての詳細、利用者の通話やアクセス先、転送先の電話番号、通話の日時、所要時間などのログ（コンピューターやデータ通信の利用状況の記録）情報も対象となる。現在地情報を有効にしてアクセスした場合は、GPS信号などによる利用者の現在地についての情報も収集される。

クッキー（cookie）情報ももちろん対象となる。クッキーとは利用者がパソコンなどからグーグルにアクセスすると、グーグル側から自動的に利用者のパソコン宛てに送られてくる一種の情報ファイルだ。クッキーはパソコンの内部に保管され、利用者がもう一度同じサイトにアクセスしようとすると、パソコン内で保管されたクッキー情報が自動的に付着してグーグル側に送られる。

グーグルでは以前に送ったクッキーが戻ってきたことを確認して、検索結果などをクッキーとともに再び利用者に送る。さらに引き続いて利用者がアクセスした場合も、クッキーがグーグルと利用者の仲立ちとなる。利用者としては次からの入力の手間をはぶけて便利だが、こうしたクッキー情報はすべてグーグルに把握され、利用されることになる。

もちろん煩瑣ではあるけれども、利用者が「情報を送信する機能をオフ」「閲覧の履歴を削除」などと操作して、こうした基本情報のやり取りをその都度遮断することはできる。

「セレンディピティ（偶然との出会い）」の喪失

パーソナル化検索が導入されて以来、インターネットを利用する環境やインターネットを取り巻く状況は様変わりとなった。

「パーソナル化を突きつめると、あらゆる面で個人に合わせてカスタマイズした世界が生まれる……。自分が好む人々、物、アイデアだけに囲まれた世界だ。……自分の興味や関心、願望を完全に反映したメディアに囲まれているのだから、居心地はいいだろう」が、「見慣れたものでつくられた世界は、当然の帰結として学ぶものがない世界となる。……新たな洞察や学びに遭遇するチャンスが少ない。……思い込みを吹き飛ばし……世界や自分自身に対する見方さえ変えてしまう体験や発想にであえなくなる」と米評論家イーライ・パリサーは警告する（『閉じこもるインターネット』）。

「ヤフーが王として君臨していたワールドワイドウェブ（WWW）の草創期、オンラインはまだ地図のない大陸という感じで、ユーザーは自分たちを探検者、発見者だと思っていた。さしずめヤフーは村の宿屋というところで、多くの人が集まり、おかしな獣の話や海のむこうに見つけた陸地の話を交換していた」が、いまやネットの状況は一変したというのだ。

何が問題か。

まず、検索していても思いがけない情報と出会うことを妨げ、新たな創造性の芽を摘む。人は、自分の知らないことや考えもしなかったこと、理解できないこと、嫌なことなどの異なるものや別のものと出会うことにより、はじめて新しい情報や知識などを得ることができる。だが行き過ぎたパーソナル化はそれとはまるで逆の方向を向いている。自分に見合う、お手頃な情報が返ってくることしか期待できない。

パーソナル化が進めば進むほど、自らの創造性を高めるのに欠かせない「セレンディピティ」、つまり偶然との予期せぬ出会いからはどんどん遠ざけられる格好となる。

「セレンディピティ」とは、当てにしていないものを偶然にうまく見つけ出す才能のことだ。もとはといえば、英国の作家ホレイス・ウォルポールが一八世紀、おとぎ話「セレンディップの三人の王子」から作った造語である。セレンディップとはセイロンの古称だ。ここに登場する王子たちが旅の途上、探してもいなかった宝物をたまたまうまく見つけることができたことから、新しい言葉としてつくられた。

パーソナル化されたグーグル検索は、「知りたいとわかっていること」を見つけるのには重宝だが、「知りたいとわかっていないこと」を見つけるのには向かない。

自分がますますひとりよがりになってしまうおそれもある。

人は、とかく先入観に基づいて周囲から自分に都合のいい情報を拾い集めその先入観を補強してしまいがちだが、グーグル検索を繰り返すことにより、「確証バイアス」とよばれる現象にはまりやすくなる。「確証バイアス」とは社会心理学のことばで、自らの願望や信念に合致したり適合したりする情報やデータを優先して選び取り、それとは反対の情報やデータを遠ざけたり低く評価したりする現象や傾向をいう。

グーグルにとどまらず、程度の差こそあれフェイスブックやツイッターなどの交流サイトでも、限定的に解放されたネットワークのつながりのなかで、互いに「いいね！」などのやり取りを通じて、「類は友を呼ぶ」といった「井の中の蛙症候群」や「ムラ症候群」が形づくられてしまうことになりがちだ。

しかも同じ考えや意見を持った人たち同士が群れ集まると、それぞれのやり取りを通じて互いに反応し合い増幅し合って、さらに極端な偏りにおちいりかねない。「確証バイアス」をいっそう強化する結果を招く。

短期的には、サイトの推薦のおかげで思いがけない項目に遭遇することもあるだろうが、長期的には、クリックする回数が増えるほど、見つかる情報の幅は絞り込まれていく成り行きとなる。

パリサーは米TED「TED（テクノロジー・エンタテインメント・デザイン）が毎年カリフォルニア州ロングビーチで開く「TEDカンファレンス」にスピーカーとして招かれて講演し、「ネットは本来、地球上のみんなを繋ぐものであり、人々の新しいアイデアや異なる視点を提示できるものであるべきだ」と力説、情報のパーソナル化が進んできた事態に強い懸念を表明した。

同様に「初期のウェブとインターネットは、制御されていなかった……。ウェブとインターネットの世界は、あらゆる意見に対して開かれた、完全に自由な空間であり、現実世界の行動規範によって制限されず、国家という伝統的な権力すら及ばない領域ではないかと思われていた。しかし、いまでは私たちは、インターネットがかつて素朴に考えられていたほど野放しではなく、制御されていることを知っている」といった声も聞かれる（ヴァイディアナサン『グーグル化の見えざる代償』)。

世の中の出来ごとがすべて政治に直結する米国だけに、デジタル世界のもたらすパーソナル化が「自分たちの」民主主義政治に及ぼす悪影響について神経をとがらす向きもある。民主主義は、自由で統御されることのない情報との出会いを前提としているからだ。

「百人百色」——一〇〇通りのグーグル検索に一〇〇通りの検索結果

「パーソナル化が進んだことにより、標準のグーグル検索結果というものはもうない。一〇〇人がグーグルを検索すれば、一〇〇通りの検索結果が返ってくる」——グーグルに使いなれた人や重宝に使っている人ほど、意外な感じを抱くかもしれない。

グーグルを使った実際の例を見てみよう。

A、Bふたりが同一のことば「アマゾン(Amazon)」についてグーグルの同時検索を試みた。

Aは著者自身である。

新聞や雑誌記事を読んでいるときや、ちょっとした書きものや調べものをしている途中で、ひんぱんにグーグルを使う。重宝であり、無くてはならない存在となっている。

Bは著者の息子で四〇代前半、会社勤め。映像や音楽に関心がある。アマゾン通信販売のよき利用者。グーグルは必要に応じて使う。
A、Bがまったく同時刻にきっかりアクセスするため、まずそれぞれのパソコンにグーグルを呼び出し検索項目にあらかじめ「アマゾン」と入力しておいた画面を、「セーノッ」を合図にA、B同時にクリック（二〇一三・三・二　一五時二一分）。
それぞれ検索した結果の上位一〜一〇を並べた表が〔A〕〔B〕である（別表参照）。

いちばん上は両社とも「Amazon.co.jp：通販」だが、それ以降の順番は〔A〕〔B〕でまったく異なる。

とりわけ〔A〕の三、六、八位の項目は、〔B〕の一〇位まではまるで姿を見せない。

一方、〔B〕の一〇位には「「アマゾン」とは地名、南アメリカ大陸に流れる大河。世界最大の流域面積と第二位の長さを誇る。ギリシャ神話における女戦士の部族名、別称アマゾネス」といった内容が顔を出すが、〔A〕の一〇位内にはまったく出てこない。

BがふだんからAmazon.comの常連のよき顧客であるにもかかわらず、その検索結果の一〇位内に「地名」のアマゾンが出てきたのは、意外だった。
〔A〕〔B〕とも世間並みの関心を持つにすぎない「尖閣諸島」「香川真司」「本田圭佑」などだと、検索結果の違いはあまりないようだ。
逆に〔A〕〔B〕の関心がまったく異なる分野の言葉だと、違いがいっそうはっきりする可能性

グーグルで「アマゾン」を検索すれば〔A〕

1　Amazon.co.jp：通販―ファッション、家電から食品まで【無料配送】
オンライン通販Amazon.co.jp公式サイト。全国無料配送（一部を除く）。家電から、ファッション、食品、ベビー用品、まで5000万点以上の商品をいつでもお安く。お急ぎ便ご利用で当日・翌日にお届け。

2　Amazon.co.jp―ウィキペディア-Wikipedia
Amazon.co.jp（アマゾン シーオー ジェーピー）は、Amazon.comの日本法人Amazon japan株式会社が運営している通販サイトである。

3　アマゾン・キンドル-Wikipedia
アマゾン・キンドル（Amazon Kindle）は、Amazon.comが製造・販売する電子ブックリーダーデバイス、同ソフトおよび電子…の契約は不要で、アマゾン・キンドルのサイトとウィキペディアのサイトであれば無料で接続できる。

4　Amazon.com―ウィキペディア―Wikipedia
Amazon.com, Inc.（アマゾン・ドット・コム、NASDAQ: AMZN）は、アメリカ合衆国・ワシントン州シアトルに本拠を構える通販サイトである。インターネット上の商取引の分野で初めて成功した企業の一つである。

5　AWS―Amazon Web Services
アマゾンウェブサービスでは、IaaS、PaaSなどのクラウドコンピューティング、ストレージ、データベース等をご利用いただけるパブリッククラウドをご提供しております。AWSでは、1年間無料枠をご利用いただけます。

6　Amazon S3（クラウドストレージサービス Amazon Simple ...）
Amazon S3ならクラウドストレージをシンプルなウェブサービス・インターフェイスでご利用いただけます。いつでも、ウェブ上のどこからでも容量に関係なくデータを格納・取得可能です。

7　サービス概要―Amazon出品・出店サービス
日本最大級のオンラインストア、Amazon.co.jpの出品・出店サービスでネット販売を開始。圧倒的な集客力、安心の決済システム、簡単便利な出品方法と手頃な料金プランを提供します。

8　Amazon―Yahoo!ニュース
1994年米国で創業した世界最大規模のオンラインストア。電子書籍kindleが好調。

9　Amazon.comアメリカのアマゾンで買い物する方法
Amazon.comアメリカ（USA）のアマゾンで買い物をする方法。

買い方の解説。ページを見ながら商品検索、注文（個人輸入）。住所や電話番号の入力、送料、発送方法の解説、購入時の注意、返品等の対応も。

10　「Amazon.co.jp」に「東急ハンズ」が出店
大手通販サイトアマゾン（Amazon.co.jp）に東急ハンズが出店しました。え？何を言ってるかわからないって？だから、アマゾンにハンズが出店しました。え？説明になって…

グーグルで「アマゾン」を検索すれば〔B〕

1　**Amazon.co.jp：通販―ファッション、家電から食品まで【無料配送】**
オンライン通販Amazon.co.jp公式サイト。全国無料配送（一部を除く）。家電から、ファッション、食品、ベビー用品、まで5000万点以上の商品をいつでもお安く。お急ぎ便ご利用で当日・翌日にお届け。

2　**Amazon.com―ウィキペディア―Wikipedia**
Amazon.com, Inc.（アマゾン・ドット・コム、NASDAQ: AMZN）は、アメリカ合衆国・ワシントン州シアトルに本拠を構える通販サイトである。インターネット上の商取引の分野で初めて成功した企業の一つである。

3　**Amazon.co.jp―ウィキペディア-Wikipedia**
Amazon.co.jp（アマゾン　シーオー　ジェーピー）は、Amazon.comの日本法人Amazon japan株式会社が運営している通販サイトである。

4　**AWS―Amazon Web Services**
アマゾンウェブサービスでは、IaaS、PaaSなどのクラウドコンピューティング、ストレージ、データベース等をご利用いただけるパブリッククラウドをご提供しております。AWSでは、1年間無料枠をご利用いただけます。

5　**サービス概要―Amazon出品・出店サービス**
日本最大級のオンラインストア、Amazon.co.jpの出品・出店サービスでネット販売を開始。圧倒的な集客力、安心の決済システム、簡単便利な出品方法と手頃な料金プランを提供します。

6　**Amazon.comアメリカのアマゾンで買い物する方法**
Amazon.comアメリカ（USA）のアマゾンで買い物をする方法。

買い方の解説。ページを見ながら商品検索、注文（個人輸入）。住所や電話番号の入力、送料、発送方法の解説、購入時の注意、返品等の対応も。

7　**「Amazon.co.jp」に「東急ハンズ」が出店**
大手通販サイトアマゾン（Amazon.co.jp）に東急ハンズが出店しました。え？何を言ってるかわからないって？だから、アマゾンにハンズが出店しました。え？説明になって…

8　**AmazonモバイルAndroidアプリ**
簡単にお買い物・便利な機能満載AmazonモバイルAndroidアプリ。このアプリを使ってAmazon.co.jpで簡単にお買い物をしませんか？
例えば、こんなことができます。-キーワードで検索-カスタマービューで…

9　**Amazonとは（アマゾンとは）〔単語記事〕―ニコニコ…**
この画像に表示されている文字を入力してください。人気商品の場合、多くのお客様にご注文いただけるよう、自動プログラムによるご注文でないことを確認させていただくために、画像内の文字のご入力をお願いして…

10　**アマゾンとは―はてなキーワード**
「アマゾン」とは-原義：Amazon地名 南アメリカ大陸に流れる大河。
世界最大の流域面積（約700万km2）と第二位の長さ（約6300km）を誇る。
女戦士ギリシャ神話における女戦士の部族名。別称→（アマゾネス）…

が大きい。

検索結果の相違は〈A〉〈B〉間だけのことではない。

十人十色というが、一〇〇人がグーグルを検索すれば一〇〇人のそれぞれ異なる結果が返ってくる。

パーソナル化が進み、標準のグーグル検索結果というのはいまや、どこにも存在しない。

自分の結果が他とどれほど異なるのかは、当の自分でもわからない。

自分の検索結果でなにが優先され、なにが削除されたのかもわかりようがない――仮にわかっている存在があるとすれば、それは神ならぬグーグルのみ、である。

切り込む新検索エンジン「ダック・ダック・ゴー」

「ダック・ダック・ゴー」（Duck Duck Go）という検索（サーチ）エンジンが人目をひいている。

検索エンジンとは、グーグルやヤフーのように、ネットのウェブページやウェブサイトを検索する機能やそのためのプログラムのこと。この新興検索エンジン「ダック」の最大の売りものは、利用者のプライバシーを尊重して、検索するときにその履歴を記録に残さない、検索履歴などの個人情報をもとに検索結果にいっさい手を加えない、ことである。

パーソナル化されたグーグル検索は、利用者にとって「都合のいい情報」や「気に入るような情報」を検索結果として返してくるが、「ダック」ではそれらは偏りのある歪んだ情報だと指摘し、「歪んでいない」検索結果を「ダック」の最大のうたい文句に掲げる。はなから意識しているのは、グーグルである。

「ダック」を取り仕切るのは、米ＭＩＴで物理学を専攻したガブリエル・ワインバーグ、三〇代だ。同氏が二〇〇八年に米ペンシルバニア州で立ち上げたベンチャー企業がこの検索エンジンを運営している。

米国の子どもの遊びに「ダック・ダック・グース」(Duck, Duck, Goose) というのがある。「ダック」はアヒル、「グース」はガチョウだ。輪になって坐り、ひとりが「鬼」になる。鬼は「ダック、ダック」と唱えながら、輪になって坐っている子どもたちの頭にひとりずつ触れその周りを歩く。そのうち一人を選んで「グース」と声をかけると、グースにされた子は急いで立ち上がって輪の周りを一回りし、鬼を追い越してもとの場所に戻って坐ろうとする。鬼がグースより先に、グースのもといた場所に着いて坐ったら、今度は坐りそこなったグースが新しい鬼になって、遊びを続ける。一種の「椅子取りゲーム」である。

ワインバーグは米ワシントン・ポスト紙の取材に応じて、この一風変わった検索エンジンの名は子どもの遊び「ダック・ダック・グース」にあやかった、と語っている。

「ググろう」つまり「グーグルしよう」ではなく、「ダクろう」つまり「ダック・ダック・ゴーで検索しよう」というわけだ。椅子取りゲームよろしく、「グース」の座を「ダック」が奪い取るという意味合いも込めているのだろうか。

グーグルだと、検索内容が利用者の興味や関心、住んでいる地域、好み、発想法などに偏れば偏るほど、利用者にとって未知のもの、不慣れなもの、予想のつかないもの、不愉快なものなどと出会う可能性は少なくなる。しかもググることによって、それまでの利用者の興味や関心、好み、発想法などはさらに肯定され、裏づけられ、蓄積される結果となる――。

このような「パーソナル化」の事態は避けるべきだ、というのが新参「ダック」の主張だ。

ワシントン・ポスト紙によれば、「ダック」の利用回数は二〇一一年一〇月に月あたり一〇〇〇万回だったのが、一二年一〇月には四五〇〇万回に増えたという。

とりわけ一三年六月に、米政府による情報収集システム「PRISM」をつかった大規模な個人情報収集事件が発覚してからというもの、自らのプライバシー問題に敏感なネット利用者の注目を集め、「ダック」の一日あたりの検索件数は一気に五割増の七五〇〇万回に跳ね上がったという（「Duck Duck Go Newsletter」二〇一三・七・四）。

米パソコン誌「PCマガジン」は「ダック」を「二〇一一年のウェブサイト・トップ一〇〇」のひとつに挙げた。一部には「いずれグーグルのライバルにも」という声もあるが、地球規模で検索エンジンを展開する巨人グーグルに伍して、どの程度勢いを伸ばせるのかは不透明だ。

広がる「パーソナル化」――ヤフーなど一斉追随

パーソナル化はなにもグーグルだけではない。

ソフトウエアだけを開発・販売する企業として世界最大とされる米アドビシステムズは、二〇一二年春から新製品「アドビCQ」を発売した。

CQの眼目はウェブ・エクスペリエンス管理（WEM）と呼ばれるサイトの利用者ごとに画面表示のコンテンツを自在に変え、提供していく仕組みだ。利用者の性別、年齢、洋服や靴のサイズ、過去の注文履歴などに加えて、利用者が地球上のどの地域からアクセスしているか、どのようなブラウザ（情報やデータを閲覧するためのソフト）を使っているかなどをもとに、最適と想定されるコンテンツをそれぞれ利用者の画面に表出する。

まったく同じ時間に同じアドビのサイトにアクセスしていながら、うら若い女性と団塊世代の年配者とでは、まったく違う中身を見る結果になる。

アドビでは、「いまの消費者は企業からの一方通行だけでないコミュニケーションを求めている。それに応えるには、企業側もブログなどの交流サイトを活用するのはもちろん、一歩踏み込んでパーソナライズされた双方向性のコンテンツ内容をさらに充実させなければならない」（プレスリリース資料）と強調する。

ウェブマガジン「ITpro」や、同「JBプレス（日本ビジネスプレス）」によると、経営立て直しを急ぐ米ヤフーはこのほど、飲食店や小売店舗などの米地域情報サービス会社アライクを買収した。同社は、利用者がお気に入りの飲食店や小売店の名前や情報を登録しておくと、その好みに応じて新規店を紹介するサービスを手がけてきた。

買収はヤフーグループのパーソナル化増強を急ぐ最高経営責任者メリッサ・マイヤーの方針によるとされる。マイヤーは鳴りもの入りで米グーグルからヤフーに籍を移した女性経営者だ。

ヤフーはさらに、グルメや映画・書籍情報などを利用者に紹介し推薦する米ベンチャー企業ジャイブも買い取った。この企業はもともとヤフーに勤めていた従業員が起こした会社だが、新たに翼下に収め、サービスのパーソナル化促進につなげる。

新興勢力「グノシー」の挑戦

わが国でもパーソナル化によるサービスを進める動きがある。

そのひとつが「スマートなパーソナルマガジン」を掲げて注目を浴びる「グノシー」（Gunosy）だ。「ウェブ上にあふれる情報の中から、毎日、あなたの興味にあった記事を集めてきます。……グノシーは使えば使うほど、あなたの興味を学習し、よりよい記事を推薦するようになります」とうたう。

ウェブ上に流れるビッグデータやデータベースのなかから、統計解析やデータ分析により有用な情報を抜き出すデータ発掘（データマイニング）の手法を活用する。

利用者がグーグルで検索した言葉や交流サイトに書き込んだ内容などから、利用者の興味や関心、その程度を読み取り、ネット上の無数のニュースやブログなどから合う内容のものを自動的に選び取って提供したり、推薦したりする。

提供された項目のうちどれが利用者の興味や関心を集めたかを「学習」し、次の機会にはさらにその内容を洗練し、利用者に提供していく。「利用者の利用回数が高まり、利用した内容が増えれば増えるほど、打てば響くように、利用者の興味や関心に見合った項目や内容が提供される」結果となる。

グノシーでは「グノシーがすごい三つの理由」として、

「（利用者が）登録したアカウントを独自のアルゴリズム（コンピューターによる処理手順）で解析し、興味に合った最新のニュースを算出」

「（利用者が）どんな記事を見ているかを日々学習し、使えば使うほどより賢く、本人に合った記事を推薦」

「忙しくてパソコンで確認できないという人でもスマホからチェック可能」

——をあげる。

東京大学大学院に在籍した三人の学生が事業化した。サービス名は古代ギリシャ語の「グノシス」（知識）に由来するとされる。米欧にも展開し、五〇〇人から始まった利用者は一八〇万人を超すまでになった（二〇一四年八月）。

通信大手ＫＤＤＩと業務提携し、資本も受け入れた。

「グーグル・アマゾン両社、二〇一四年に統合、新会社「グーグルゾン」に」（？）

「ＥＰＩＣ　二〇一四」というフラッシュムービー（動画や音声などを組み合わせて作成されたウェブコンテンツ）が一部で話題を呼んだ。

「二〇一四年――それは最良の時代であり、最悪の時代でもあった」と始まるこの短編は、スローンとトンプソンという米国の二人の若者が共同で制作し、二〇〇四年に公開した。二〇〇四年当時までは一〇年後にはどのような情報社会になっているか」を推測し作り上げた。二〇〇四年当時まではＷＷＷの発明、米アマゾンの創業、米グーグルの登場など、情報分野の歴史で実際に起きたことが取り上げられている。

そこから先は想像の世界だ。

二〇世紀から残った新聞・雑誌などの印刷マスコミ媒体は、もはや過去のものとなり姿を消している。グーグル、アマゾン両社が合併して大「グーグルゾン」（Googlezon）が誕生し、それぞれの利用者の個人情報を細大漏らさず取り込みパーソナル化をおこなった一大ウェブ情報サービスを展開している。そのサービスが「ＥＰＩＣ」（Evolving Personalized Information Construct）だ。完璧にパーソナル化をおこない、利用者の一人ひとりにまったく別々のウェブ画面が届けられる。

米ニューヨーク・タイムズ紙はグーグルゾン相手に告訴したものの完全敗訴、いまでは辛うじて一部エリートと年寄り向けのオンラインサービスを手掛ける存在でしかない――。

二〇〇四年に一〇年後を想像してつくられたフラッシュムービーとは異なり、現実にはグーグル、アマゾン両社はますます盛んで、それぞれ自らの得意分野を中心にウェブ上でしのぎを削る。だが統合されていなくても、両社のネット・ウェブサービスがそれぞれ、さらに広く深くパーソナル化を進めている点ではＥＰＩＣと大きく変わらない。

シンポジウム「世界ＩＣＴサミット」で、ＫＤＤＩ経営陣は次のような見通しを明らかにした。「情報通信サービス分野では今後、個人の利用履歴をもとに（パーソナル化を進め）ウェブ側から情報を提供したり、企画を提案したりする動きが広がっていく。情報通信サービスはこれから様変わりとなる。このようなサービスを展開するには、大量の情報やデータの中から提供情報を個別に適切に選び出す解析技術と、大量の情報を保管共有するクラウドの技術が欠かせない。その拡充強化を急ぐ」（日経ホール　二〇一三・六・一〇）。

ワールドワイドなウェブ（ＷＷＷ）という地球規模のネットワークを使って、利用者の日々のクリックにもとづく利用情報をコンピューター解析し、おびただしい数の利用者に対して興味や関心に合わせパーソナル化されたデータや情報を提供する——情報のパーソナル化。

それはグーグル、ヤフー、グノシーにとどまらず、どのウェブ事業者もいま、先を争って取り入れようとする当たり前の流れとなっている。

第三章　ｉＰａｄ文明・活字文化

デジタルメディアのネット・ウェブ情報や電子書籍と、活字メディアの本・雑誌の違いを考えるのにひとつの物差しを当てる。「文明」「文化」という尺度である。

一　ｉＰａｄに「文明」、本に「文化」の物差しを当てる

ｉＰａｄで象徴されるデジタルディアは「文明」であり、本や雑誌・新聞などの活字メディアは「文化」といえるのではないか、そして「ｉＰａｄ」と「本」の違いの多くは「文明」と「文化」の差異に根差すのではないか――と思えるからだ。

デジタル文明の申し子ｉＰｈｏｎｅ、ｉＰａｄ

デジタル「文明」の申し子ともいえるｉＰｈｏｎｅ、ｉＰａｄ。

かつて明治維新の折、西欧から文明がなだれを打つようにわが国に入ってきたとき、西欧文明を象徴したのが「背広《せびろ》」であった。

幕末から明治維新へ——。

それまで腰に両刀を束ねていた武士たちは、身にまとっていた羽織はかまを一斉に脱ぎ捨て、背広に衣替えした。

当時、欧米を中心に世界中どこでも半ば公式の服装として受け止められていたスーツ、つまり背広——。それを着用することにより、内面はいざ知らず少なくとも外見上、日本のサムライたちは一足飛びに、欧米諸国並みの万国共通の「文明」人になりおおせたのである。

背広の語源には諸説あるが、有力なのは、制服や軍服とは異なる市民《シビル》（Civil）服の「シビル」に由来するというものだ。とすれば、市民服である背広《せびろ》と、「市民化」を意味する文明《シビライゼーション》の間には、もともと切っても切れない関係があることになる。

言ってみれば、「文明」はまず背広を身にまとうところから始まる。背広を着ることによってはじめて、人はだれでも簡単に文明人になりすませる。

文明《シビライゼーション》（Civilization）と文化《カルチャー》（Culture）——。

作家司馬遼太郎は次のように解きほぐす。

「文明は「たれもが参加できる普遍的なもの・合理的なもの・機能的なもの」をさすのに対し、文化はむしろ不合理なものであり、特定の集団（たとえば民族）においてのみ通用する特殊なもので、他に及ぼしがたい。つまりは普遍的でない。たとえば青信号で人や車は進み、赤で停止する。このとりきめは世界に及ぼしうるし、げんに及んでもいる。普遍的という意味で交通信号は文明である。逆に文化とは、日本でいうと、婦人がふすまをあけるとき、両ひざをつき、両手であけるようなものである。……不合理さこそ文化の発光物質なのである。……人間は合理的な生命組織の総合でありながら、しばしば不合理に生きることを好む。むしろ文化という不合理なものにくるまることによって精神のやすらぎをえている」（『アメリカ素描』）。

維新当時、舶来文明の伝道師役の一端を担ったのが「背広」であったとすれば、ネット・ウェブ文明でいま尖兵を務めるのが、多機能携帯端末のｉＰａｄであり、スマホのｉＰｈｏｎｅだ。世界に浸透した二億台近いｉＰａｄや四億台弱のｉＰｈｏｎｅ、それをクリックすることによって誰でもひとかどの「文明」人になりおおせる（いずれも二〇一三年一〇月）。

ｉＰａｄやスマホが「文明」であるなら、活字メディアの本や雑誌・新聞は「文化」である。

文化、つまりカルチャー（Culture）は、語源からすれば耕作や栽培を意味するカルチベーション（Cultivation）だ。それぞれの地域特有の風土や気候のもと、ある時は天の恵みを受け、またある時は自然の厳しい脅威にさらされながら、その土地その土地で作物を耕し、培《つちか》い、花を咲かせ、実を穏らせる――それがカルチベーション、ひいてはカルチャー、つまり「文化」だ。

「パブリケーション」としての本、編集長の「主観編集」によってつくられる雑誌

「文化」という視点から、活字メディアの本や雑誌の特性を見てみよう。

本は、企画から著者の選定、本文の編集、著者との読み合わせ、装幀やイラストの選択、タイトルの採択、刷り部数や配本方法の決定、惹句や宣伝方法の工夫など、型にはまった定期刊行物ではなく単品ごとに制作される。それだけに、編集者に委ねられる裁量は大きく、類書とは異なる編集上独自のアイデアや光るセンスが決定的にモノをいうことになる。

本の作られ方は多岐にわたる。新聞や雑誌の記事を受けた形で、真相、内幕、細部祥述、局部拡大といった内容で本がつくられることもあれば、それまで世間にまったく知られていなかったことがらがはじめて一冊の本として取り上げられることもある。一冊一冊はそれぞれ個別につくられる。まさに「パブリケーション（出版、それまで世に明らかでなかったことや隠れていたことを公けにする）」である。

雑誌の場合、そこで伝えられるべき内容は、まず「深く」であり、次に「的確に」、そしてできるだけ「速く」――である。

同じ活字メディアの新聞が事実そのものを一刻も速く伝える「速報型」のメディアなのに対し

て、雑誌はすでに報じられたニュースを受け、独自の解説や分析、展望など「深掘り型」の情報がいかに提示されているかが決め手となる。

デジタル情報が津波のようにあふれ、情報量が膨大であればあるほど、信頼性が高い深掘り型の専門情報である雑誌が、ガイド役として果たす役割は大きい。

新聞が「速く」「正確に」を旨とし、5W1H（だれが・いつ・どこで・なにを・なぜ・どのように）をどう客観的に伝えるかのメディアであるなら、雑誌は「深く」「的確に」が売りものの「第一人称のジャーナリズム」のメディアである。

雑誌では、新聞がベタ記事（字間を詰めた小記事）ですませた小さな雑報を、その小ニュースをもとに編集長によって一〇頁にものぼるトップストーリー（巻頭特集）に仕立てられることもあり得る。新聞が「客観報道」の「第三人称のジャーナリズム」であるなら、雑誌や本は編集長や編集者の主観をもとに築かれる独自の世界である。編集長や編集者による「主観編集」、「第一人称のジャーナリズム」こそが雑誌や本である（小著『雑誌よ、甦れ――「情報津波」時代のジャーナリズム』）。

同じ活字メディアでも、ケタ違いに多い読者があり客観報道の「第三人称のジャーナリズム」を立て前にする新聞紙面からは、いささか「文明」の香りが漂うのに比べ、編集長や編集者によって独自の世界が築かれた「主観編集」「第一人称のジャーナリズム」の雑誌誌面や本の中身からは、その土地土地に根づいた作物の耕作と底において通じる「文化」の匂いがかぎ取れる。

雑誌の場合、雑誌がどれだけ強く読者と結ばれているかという編集者—読者の絆の度合いも、文化のひとつの尺度になる。

不振続きの出版界にあって、実業之日本社が二〇〇九年春に発行した「少女の友 一〇〇周年記念号　明治・大正・昭和ベストセレクション」は一部三九九〇円という価格にかかわらず、三万部を超える売行きをみせ、話題を呼んだ。

「少女の友」は明治四一年に創刊され戦後まで四八年間にわたって続いた月刊誌だ。「少女にこそ、よいもの、かわいいもの、一流のものを」という編集方針のもと惜しげもなく動員された与謝野晶子、吉屋信子、川端康成、北原白秋、竹久夢二、川端龍子、中原淳一ら一流の作家や画家による誌面を、読者は堪能できた。

同時に、拡充された投稿ページや結成された「友の会」を通じて、編集長がよき兄やよき教師となり読者との間に強い絆を作った。投稿ページ「トモチャンクラブ」には当時、若き日の瀬戸内寂聴、田辺聖子ら多くの作家志望者から原稿が寄せられ、読者サークルの「友ちゃん会」が全国各地で開催された。編集現場には読者がいつも訪れて交流し、修学旅行で上京してきた読者を編集者が宿舎まで送り届けたりしたこともあるという。

「読者と編集者は間違いなく、いまのインターネットよりはるかに血の通った双方向性を確立していた」――記念号を企画した実業之日本社学芸出版部長の岩野裕一はこう証言する（日本出版学会 出版編集研究部会、二〇〇九・一一・一二）。

まぎれもないひとつの「文化」である。

雑誌ダウンロード

ｉＰａｄやキンドルなどの電子書籍端末が妍《けん》を競うなかで、本来まるまる一冊で一体であるべき雑誌媒体が「断片化」「こま切れ化」してしまうことへの懸念も浮上している。

雑誌あるいは雑誌形式のものがネットやウェブで読者に提供される場合、トップストーリー（特集）から編集後記までの誌面内容はもちろん、紙質や色使いを含めた表紙から裏表紙にいたる制作デザインなど、本来ならすべて一体であるべきものが、記事やページごとにバラバラにこま切れにダウンロードされ、読み取られることもあり得る。

雑誌は、その名の通り、編集長の才覚やセンスによって特集や囲み、記事など雑多な内容が一冊にまとめられたものだが、読者が電子化された記事単位でダウンロードして読むようになれば、雑誌そのものの持つ意味や狙い、趣向、微妙な味わいは失われかねない。

本の場合にしても多かれ少なかれ似たようなものである。本のなかのひとくだりの文章や片言隻句が使われたりしがちだ。読者は、キーワードにより紙の本や雑誌などから自分が求めるものを断

コラム　「文明」と「文化」

「文明」と「文化」。英語でいえば「civilization」と「culture」。しかしその定義や解釈、使い分けはさまざまだ。とりわけ文化の場合、英語のなかで三本の指に数えられるほどの複雑な単語だともされる。

先人・先賢の「文明・文化観」をいくつか見てみよう。

世界的なベストセラー『文明の衝突』のなかで、著者サミュエル・ハンチントンは「文明という考え方は、十八世紀フランスの思想家によって「未開状態」の対極にあるものとして展開された。文明社会が原始社会と異なるのは、人びとが定住して都市を構成し、読み書きができるからだった。文明化することは善であり、未開の状態にとどまることは悪だった」と述べている。

文化とは半ば意識下にまで根を下ろした生活様式であり、身体的に習熟されて慣習化した秩序を意味している。これにたいして、文明は完全に意識化された生活様式であり、観念的に理解される秩序のことであって、両者は連続的なグレーゾーンをはさみながら、しかしはっきりと分極している。

イギリスの議会制度や機械工業は文明であるが、議員の演説の文体や、機械を操る微妙な身体的ノウハウは文化である。西洋の音階とリズムの体系は文明であるが、個々の演奏者の身についたスタイル、作曲家の体臭にも似た個性は文化にほかならない（『文明の構図』）。

――こう論じるのは劇作家で評論家の山崎正和。

グローバル化や文明が一定期間、一定の地域を及んだとき、そのグローバル化や文明が持つ強い力は制御力として働き、本来そこにあった幾つかの文化を踏みしだく。そして少なくとも表面は平坦に均《なら》された表情に乏しく均質的で画一的な世界が姿を現わす。

科学史家の村上陽一郎・東京大学名誉教授はそれを「ブル・ドーザ（ブルドーザ）効果」と呼んだ（『文明のなかの科学』）。ブルドーザとは、土や砂をかき起こしたり、削ったりして土砂の表面の凸凹を均し整地を進める土建工事用の建設機械だ。

文明の持つ制御力が複数の文化圏を併呑して一帯を支配し、平坦に均されたのっぺらぼうで普遍的なひとつの文明圏を形成するとき、確かにそこにはブルドーザが起伏や凸凹を削っては埋め、ひとつの平面に押し均していくのと似た光景が繰り広げられる。そこでそれまで文化が保持していた持ち味や個性、生き生きとした躍動感は押しつぶされ均されてしまう。

文明と文化をめぐる解説や分析は枚挙にいとまがないほどだ。

「文明は、当初からかぎられた地域の枠を越えて拡がる性向を持っていた。普遍性への志向は文明の大きな特質なのである。……それに対して……風土的条件と歴史の積み重ねによって形成された習俗、価値観、行動様式などの総体およびその所産を「文化」と呼ぶのである」（高階秀爾『本の遠近法』）。

「文化と文明は対極である。……平板に表現すれば、量と質の世界と言えようか。文明は、効率であるとか、GNPであるとか、量的に換算できうるものであるが、文化は三次元の尺度では測定できない。時間と空間を通過してしまう、別の次元の価値なのである。……文化には……美感あり、メンタリティーあり、知性あり、徳性がある」（篠田雄次郎『今こそ日本人は「文化」に戻ろう』）。

「手に触れることのできる、目で見ることのできるような文明の世界と、心で感じる世界、他人にたいしてうまく説明のできない世界というものがあり、まさにそれが文化の世界」（橋口収『近代の座標軸を求めて』）。

「自動車における文明はA地点からB地点まで、いかに速く快適に行けるかを追求してつくり上げたもの。一方、文化はその区間をいかに楽しく進むかがポイント」（平井敏彦ウェブジン「日経WagaMaga」「自動車」第四回）。

「安野　私もね、文化って、それぞれの心の中に育ってくるもののように思えます。文明と文化って違う。文化は方言のように範囲が限られているが、文明は標準語のように普遍性があります。

佐藤　そう、自分の目で見て、触ってみなくちゃね。でもテレビの映像で見たりするとわかったような気がしちゃう。行かなくてすんじゃう。文化からだんだん遠ざかっていくわけです。……彫刻って触覚が何より大事な仕事なんです。……文化って、そういう触覚感が大事なんですよ」（佐藤忠良・安野光雅『ねがいは「普通」』）。

文明と文化は、使われることばとしてどのように異なるのか。

上山春平はシリーズ『日本文明史』の冒頭で次のように述べる。

「文化」は精神的で「文明」は物質的、といった見方が広く通用しているように見える。……「文化」は、学問、芸術、宗教などの高度な精神的活動とその所産を意味し、これに対して、「文明」のほうは、主として、生活の物質的条件の改善にかかわる活動やその所産を意味する、といった使い分けがなされていた。……こうした考え方はもともと十八、九世紀のドイツから戦前の日本に導入された。……（当時の）ドイツは哲学でカントやヘーゲル、文学ではゲーテやシラー、音楽ではモーツァルトやベートーベンの活躍した時代で……学問や芸術等の精神的活動の面ではドイツがヨーロッパ諸国の中で最高の水準を示していた……。しかし政治的には、ルイ十四世の華麗な治世につづいて大革命をなしとげたフランスに遅れをとっていたし、経済的には、産業革命の口火を切ったイギリスに及ばなかった。

そこで、イギリス人やフランス人たちが、当時の世界最高水準を自負する彼らの政治的や経済的な達成をはじめとして、学問や芸術等をひっくるめて「文明」(civilization, civilisation) とよんだのにたいして、ドイツ人は、みずからの誇りとする学問、芸術等の精神的活動とその所産を「文化」(kultur) とよんで、文明と区別した――(上山春平『日本文明史』)。

ところで、現代の高度に進んだ文明は唯一無二なのであろうか。

「世界は……岐路に立っている。世の中には普遍主義路線と多文明主義路線の二派があって、お互いに全く違った方向に世界をひっぱっていこうとしている」(『多文明世界の構図』)。

――と指摘するのは高谷好一・京都大学名誉教授。

同氏は多文明共存論者としての立場をとるが、その理由を「世界にはじつにいろいろの所があるのをこの目で見、多文明の共存を認めざるをえないという考えにいたったからである。それにもうひとつは、普遍主義に対する幻滅があるからである」と説明する。

同氏によれば、わが国は新たな危機に直面しているという。「団地に典型的に見る、……苦しみを知らない生き方、他人に関心をよせない生き方、(普遍主義の) そこのところからやってくる空洞化現象はやっぱり大きな危機である。おそらくはいままでに経験したことのない大きな危機である」と強調してやまない。

文明のひとつの特徴である「普遍」を考えたとき、「普遍論理という横車を押すと個別の論理を圧殺することになる」として、「近代的発展という見方をちょっと離れて自由な目で地球を見てみると、そこには、いろいろな世界が現実に息づいているのが見える。みなそれぞれに自分達の人生観、未来像をもって生きている。それが多文明の世界の実像である」と、多文明主義の立場に立つゆえんを強調する。

そこには「人々が共通の世界観を共有するような地理的範囲」があり、そのような地理的範囲を多文明の世界を構成する「世界単位」として、取り上げる。

そしてこれからは、世の中が多文明共存の時代に変わっていく、「世界中が世界単位ごとにそれぞれ自分の誇りうる文化を前面に押し出し、個性的に生きていく、そういう時代になる」と唱える。

いまは「せっかく築きあげた、誇るにたる伝統」や「かけがえのない自分自身の文化を、まるでドブに捨てるかのように投げ捨てている」が、「来るべき多文明の時代には、それを基に生きていかねばならない」と強調する。

「一人一人が自分のことを自分の価値基準で考えてみることである、自分自身と対象の間に人工物を入れないことである。自分の体と自分の心で直接考えてみることである。そしてそのような個人が作る地域は地域でまた、自分の地域のことを考えてみることである。地域は一つの固有なもの、判断力のある主体としてそれ自体で考えてみることである」と主張し、同氏は「いま、最も必要なことは、そういう主体性だ」として、「地域哲学」の重要性をかかげる（『多文明世界の構図』）。

「文明」「文化」についての定義やことばの用い方は、ほかにもまだたくさんあり、すくい上げきれない。だが幾つかの論考を踏まえ「文明」や「文化」とはなにかをまとめてみると、次のようになる。

文明とは
・人間が意識的に作り出した有形無形の人工物の体系、生活の物質的条件の改善にかかわる活動やその所産、技術が不可欠の要素
・生活圏の外側を形成する科学技術、政治制度、経済組織、法律体系などの制度・組織・装置
・それぞれの社会に共通し、移植可能。

文化とは
・社会の成員の間で意識されないまま学習・適用・伝達されていく半ば意識下まで根を下ろした生活様式、慣習であり、歴史的、社会的、心理的、情緒的な特質がある
・生活圏の内側にある哲学、芸術、宗教などの高度な精神的活動とその所産
・個々の社会や社会の一部に独自の特質が多く、移植困難。

ここで「文明」にデジタルメディア、「文化」に活字メディアをあてると、その違いがあらためて浮かび上がってくるだろう。

片として拾い出すが、そのおおもとを構成していたテキスト全体の整合性や脈絡、ましてはそのテキストが置かれていた情感や雰囲気までは摑《つか》み取りようがない。

ＣＤの音楽アルバムではこれまで、ミュージシャンが自分の売れ筋の曲に加え、聴いてもらいたい曲やマニアックな曲などを入れ変化を持たせて一枚のアルバムとして編集され、制作されてきた。だがネットで一曲ずつダウンロードされるようになってから、「ＣＤアルバムはただ売れ筋の曲だけをかき集めたのっぺらぼうなものになってきた」と作家の平野啓一郎は指摘する（特集「活字メディアが消える日」「中央公論」二〇一〇年六月号）。

これも「文明」のひとつの姿であろう。ＣＤだけにとどまる問題ではない。

二　欧州で「文明」「文化」を考える

ローテンブルク――独バイエルン州の城塞都市

最近、欧州旅行の途上、「文明」「文化」についてあらためて考える機会があった。

ドイツ南部バイエルン州にあるローテンブルク。

ドイツ・ロマンチック街道と古城街道が交差する要衝であり、欧州中世を代表する城塞都市である。一二世紀初めから一四世紀半ばにかけて、タウバー渓谷を遥かに見おろす高台に築かれた三・

四キロメートルに及ぶ城壁が、ぐるりと街を囲む。多くの古い欧州の都市がそうであるように、中心に位置するマルクト広場を囲み、ゴシック様式の聖ヤコブ教会、市庁舎、宴会の館などが立ち並ぶ。修道院や修道会の建物に入っている郷土博物館や中世犯罪博物館、かつて縛り首にする絞首台が置かれていた城門、おびただしい数の商店の張り出し鉄看板（アウスレーガー）、飾りがきめ細かく施されたたくさんの噴水、切り妻づくりの木組みの家々、城塞庭園、黒い玉石で固められた石畳――。

第二次大戦末期、連合軍の爆撃により旧市街は大きな痛手を受けたが、いまはほぼ元の姿に復元され、往時の雰囲気を伝える。

地元名産のフランケンワインを楽しむ欧州各地や米国、アジアからの観光客で、飲食店も賑わう。どちらかといえばワインは白が人気だ。

「城のレストランで食事をしていると偽物の時代色とは異なった特異な雰囲気があり、何ともいえず落ち着くのである。その雰囲気はおそらくその城が幾世紀を実際に経たものであり、敷石の一枚一枚に歴史が刻まれているためであろう。歴史とは何か。そこで多くの人がその人生を送り、悲しみや歓びの日々を過ごし、死んでいった場所に今も残る雰囲気をいうのである」（阿部謹也ほか『ドイツ～チェコ古城街道』）。

ドイツは昔から地方分権が強く、一時期のウィーンやベルリンを除けば「ニューヨーク、パリ、東京というようないわゆる「中央」といわれる大都会がなく小さな地方都市が至る所で固有な文化と伝統を大切にし、誇りをもち、充足した都市生活を営んでいる」と独文学者小塩節も描写する（『ドイツの森』）。

町なかから市門のガルゲン門を抜けて旧市街に入ると、ヴァイサー・ツルム（白い塔）の一階部分はそのまま通り抜けの道路になっており、建屋のなかを車がかなりのスピードですっ飛ばしていく。中世からの黒玉石で覆われた凸凹の石畳を疾駆するのは、ベンツ・Bタイプ、ワーゲン・ゴルフ、BMWのドイツ車に加え、米フォードのフィエスタなどだ。日本車はなぜかトヨタ、日産はあまり目につかない。意外に健闘しているのがマツダの車である。

グローバリゼーションの、そして「文明」の申し子といえるさまざまの国籍の自動車が、欧州中世の古い情緒をいまに伝える地方「文化」都市をミズスマシのように走り回っている。

ホテルの中のレストランには、観光客だけではなく、地元の住民もフランケンワインを求めて連れ立ってやってくる。夜九時ころまでは明るくながい宵のひととき、グラスを手におしゃべりは尽きない。

そのホテルでは、夕方や就寝前などの時間帯には使用が集中するせいか、蛇口をひねっても熱いお湯はいっこうに出てこない。ぬるま湯がチョロチョロ滴るといったあんばいだ。湯船をいっぱいにするのにひと苦労する。

インターネットを使おうにも、Ｗｉ－Ｆｉは普及しておらず、ＬＡＮケーブルのプラグ差し込み口を探そうにも部屋のなかにはまずどこにも見当たらない。東京の便利な「文明」生活に慣れたものにとっては、ほかにもまごつくことが多い。

ここでは「文化」はふんだんにあるものの、「文明」にはことを欠く。

米国諸都市と欧州ロンドン、パリ、ローマ

「文明」そして「文化」――その対比をはじめて意識したのは、もう三〇年以上も前になる。やはり欧州に旅行中でのことだった。米国ニューヨークの新聞特派員生活を終えて、欧州経由で東京に帰任した。

三年におよぶ米国滞在中は、ニューヨーク以外の米国のほとんどの州や数多くの都市を取材や休暇で訪ね歩いた。飛行機で空港に降り立ち、多くは空港から離れたところにある市街に入る。ボストン、ボルチモア、フィラデルフィア、デトロイト、カンザスシティ、デンバー、ロサンゼルス、サンフランシスコ……、行く先こそ異なれ米国の都市はどこも、判で押したようにマクドナルドやケンタッキーの店があり、スーパーマーケットやドラッグストアがあった。マクドナルド化にともなう画一化、均一化、一律化である。わが国だと鉄道の駅を核にして市街が形づくられていることが多いが、駅はまず見当たらない。

米国は当時、「建国二〇〇年」（バイ・センティニアル）を大々的に祝ったばかり。大国ではあるものの、欧州にくらべれば歴史はごく浅い。独自の目立つ建物といえば、教会を中心に建てられた市役所（シティホール）、学校、野球スタジアム、せいぜいそれくらいである。それらの建物は古いといっても、せいぜい数十年から百年前に作られたものがほとんど。

しかしたかだか二〇〇年とはいえ、建国以来の歴史を尊重し未来を新たに創るという気概はどこの都市でも感じられた。ちょっとした建造物や彫刻、庭園などをいまから大事に保全し、次の世代へ送り伝えていこうという意気込みがあった。

街中では、たとえ場末のスラム街に行っても間違いなく暖房が通っており、冷房があり、蛇口をひねれば水道からお湯が出た。トイレは水洗だ。どの街も似通っているというか、同じような表情をしていて変わりようがない。

「文明」の国だった。ニューヨークなど一握りの都市を除くと、少なくとも表通りからは「文明」しか見受けることができない街々であった。

その「マクドナルド王国」の米国から帰途、大西洋を飛行機でひとまたぎしてロンドン、パリ、ローマに寄った。伝統や「文化」を誇る欧州の街々の印象はそれぞれに強烈だった。ロンドン、パリ、ローマ――とりわけ圧倒されたのは、それらの古びた石造りや石積みの建物、そして遺跡である。

帰途最後に寄ったのはローマだったが、そこでとどめを刺されたかっこうとなった。サンピエトロ寺院、バチカン博物館、システィーナ礼拝堂、ファルナーゼ宮殿、パンテオン、エマヌエーレ二世記念館、フォロ・ロマーノ、コロッセオ、ボルゲナーゼ美術館、サンピエトロ・イン・ヴィンコリ教会、サンタマリア・マジョーレ教会、サンジョバンニ・イン・ラテラノ教会……二千数百年前に作られた建造物があちらからもこちらからも目にいやおうなく飛び込んでくる。

直前まで住んでいた世界最先端をゆく「文明」都市ニューヨーク。ドルの匂いが街の隅々にまで漂っていて、世の中のどんなものでもグリーンバック（ドル札）で買えてしまいそうな、賑やかで猥雑な、しかし奥行があって人を惹きつけてやまない大都会だ。

それに比べての欧州ロンドン、ローマ、パリ……。そこには街ごとにそれぞれの「文化」があった。「マック」の米国とは大違いである。

その一方、わずか数日滞在しただけで、大きな石造りの古い建物がもたらす人を圧するような重苦しい雰囲気や重圧感に気づかされた。ほんのわずかの間いただけで息がつまり、どこへ行こうにも前に左右に石の壁が大きく厚く立ちはだかる圧迫感である。

石壁に手をさし延べ触れてみても、そのゆるぎないずっしりした重みに、はね返されんばかりだ。通りすがりにすぎない旅行者がそう感じるのだから、そこで四六時中呼吸し、毎日をあるいは生涯を過ごさざるを得ない人々は強い閉塞感にさいなまれているのではないか、という気がした。

一七世紀に弾圧を逃れて英国から米国を目指した一〇〇余人の清教徒《ピューリタン》の必死の思い――信教上の理由が大きかったとはいえ、それは欧州の古く重い「文化」の重圧から逃れ未知の新世界に移り住みたい、というやむにやまれぬ選択ではなかったのか。

「文化」を逃れ、なにもないところから始まった米国の「文明」。

「文明」「文化」、どちらが重すぎたり軽すぎたり偏っていると、そこに住む人間には暮らしにくいのでないか。両者のバランスをどうとればいいのかは、なかなかむずかしいことのように思えた。

後日談がある。

三年振りに日本に帰ってきてからも、ローマの遺跡群、ロンドン、パリの重厚な建物群や街並みなど、様々の石造りの構築物から受けた強い印象はなかなか拭い去ることができなかった。

どちらかといえば「侘《わ》び・寂《さ》び」を尊《たっと》び、風流を旨とする日本の木造りの建築物では、欧州の石造りの建造物の向こうを張り、拮抗することは残念ながらむずかしいのだろうか。

折に触れて出掛けることの多かった京都や奈良はどうか。

三月に帰国後、五月の連休を利用して関西に赴いた。久し振りの古都はまぶしいばかりの新緑の中にあった。

まず、京都。東・西本願寺、三十三間堂、知恩院、清水寺、銀閣寺、金閣寺、龍安寺、天龍寺、広隆寺、東寺（教王護国寺）、……。力感のある東寺・五重塔の印象は残ったものの、欧州の古い建物に肩を並べ得る建築や建造物は見あたらなかった。心当てにしていた懸け造りの清水寺・本堂、そして三十三間堂、知恩院にしても所詮チマチマした印象でしかなく、及ばない。

奈良に足を伸ばした。欧州の石造りの文化と比べるには、どちらかといえば繊細な「新古今」のイメージが通う京都よりも、荒削りで素朴な「万葉」の雰囲気をとどめる奈良の方がふさわしいのではないか、と期待した。東大寺、春日大社、法隆寺、薬師寺、唐招提寺、……。法隆寺は最も好きな寺のひとつだが、端正で清楚ではあるけれども今回のねらいからは外れる。当て込んでいた唐招提寺・金堂の大屋根はさすがにあい変わらず堂々としていた。が、全体の印象としては大きさをふくめてやはり弱い。

なんとか見較べることができる建築・建造物を探し出し、安心して東京に引き返したい――連休は終わろうとしており、焦る気持ちが強かった。最後に興福寺に足を運んだ。時間もなく、仏像の名宝群は垣間みるだけにとどめ、建物を見て回る。

国宝、興福寺・五重塔。興福寺を創建した藤原不比等の娘の光明皇后が七三〇年（天平二）に建て、その後数回被災したあと、一四二六年（応永三三）頃再建された。高さ五〇・一メートル。

決して石造りではない。しかし夕闇の迫るなか、黒々と浮かんだ木造の塔の躯体や張り出した本瓦葺きの屋根には、石造りの欧州の街々の建造物やローマの遺跡群にも決して引けを取らない重厚さ、雄渾さ、躍動感が漲《みなぎ》っていた。塔を仰ぎ見て、ようやく納得し安堵し、新幹線に飛び乗った。

そこには、確かに米国の「文明」とはまるで別種の、そして欧州の「文化」ともまた異なる日本の「文化」があった。

明治新政府が派遣した岩倉具視を団長とする米欧派遣使節団一行は一八七一（明治四）年に日本を出発、米国、欧州、アジアの植民地を回り、一年一〇カ月後に長崎を経て横浜港に帰着した。帰国後、使節団の一員である久米邦武は『米欧回覧実記』を書き著わし、掉尾に長崎、横浜に戻った時の印象をこう記した。

「長崎は……港口大小の島嶼、みな秀麗なる山にてなり、遠近の峰峰、みな峻抜なり、船走れは、島嶼は流る、如く、転瞬の間に種々の変化をなす、真に瓊穂《けいほ》の美称に敗《そむ》かす、……世界にて屈指の勝景地なり」。

そして「船将より世界第一の風景を過ぐるを以て、船客を呼起こしみせしむ、即ち芸備の海峡なり、英、米の遊客……その絶景を劇賞して、之を図に写して、終日已ます……朝、横浜に着船す」（岩波文庫、原文カタカナ）と結ぶ。

一行は米欧を回り、英国から足を伸ばしたフランスで「華麗繊細」な西欧の美を堪能し、イタリア・ヴェネチアで「陶然」とゴンドラ遊びを楽しんだ。が、日本（長崎・横浜）に帰り着いて、そこにほかのどこにも決して負けない「世界にて屈指の勝景の地」を見出したのである。

時代や背景こそまったく異なるが、欧米の文明・文化諸都市を回ったあと奈良・興福寺で塔を仰ぎみた印象は、米欧回覧後長崎に戻ってきた派遣使節団一行の感慨に似通うものがあった。

三　「文明」と「文化」を見較べる

あらためて、「文明」とは何なのか。

もともとは「雨ニモマケズ／風ニモマケズ／雪ニモ夏ノ暑サニモマケヌ／」ために、寒暑あり風雨ありの厳しい自然のなかにあって、すこしでも住みやすいように生活の物質的な諸条件を整え、改善していくための活動やその活動が産み出したもの――それが文明である。そのための制度や組織、仕組みなどはすべて文明の所産だ。とりわけ技術は、文明を形づくるたいせつな要素として欠かすわけにいかない。

活動やその成果物は有形であれ無形であれ、あくまでも人為のものであり人工のものである。自然の状態や現状を改善するというはっきりした意識が「文明」にはまずある。

もともとのねらいや必要性から、当然のことながらその文明は地球上でどこにも広がり得るが、絶えず中身は動き変化しており、その寿命は必ずしも長くはない。人間と他人や他のものとのかかわり合いに関することでもある。キーワードは普遍性、汎用性、定型化、一般、共通、量、一律、効率、秩序、速さなど。

では、「文化」とは何か。

それぞれの生活と深く結びつき、意識下に根をおろした生活様式や慣習、観念、規範などが文化である。高度の学問、研究、芸術、宗教などの精神活動や、その活動が産み出した成果も文化だ。人間と自己や、自然とのかかわり合いに関することでもある。

特定の地域、民族・部族・集団など、及ぶのは狭い範囲だが、変わりにくく、その範囲内で意識されないまま運用・学習・伝達されていく。キーワードは独自性、個別性、個性、特有、質、気分、雰囲気など。

メディアをiPadやキンドルなどによるデジタルメディアと、本・雑誌・新聞などの活字メディアに二分した場合、デジタルメディアは「文明」としてのメディア、活字メディアは「文化」としてのメディア、とみなすことができる。

米ニューヨーク・タイムズ紙の記者だったトーマス・フリードマンが、グローバル化による均質化に激しい抵抗を試みていたとされるインドの元首相I・K・グジュラルを取材したとき、伝統装束をまとった元首相はこう言ったという。

「(家の) 裏庭には少なくとも何本かのオリーブの木を残しておかなくては、自宅にいてもけっしてくつろげないだろう。……わたしのルーツは、このインドに住んでいることだけではない。……わたしのルーツは、こうして自宅であなたと会うときに、母国の衣装に身を包んでいることだ。わたしの伝統には、千年の歴史がある。それを捨て去るわけにはいかない」(『レクサスとオリーブの木』)。

トヨタの高級車レクサスがグローバル化や「文明」の象徴であるなら、自分の家の裏庭のオリーブの木こそ「文化」を体現する。インターネットはどんな特定の文化をも超える普遍的な言語だといえるが、だからといってそれぞれの国や人々の独自性が否定されてはいけない——という訳である。

「白熱教室」で知られる米ハーバード大教授のマイケル・サンデルは、邦訳『それをお金で買いますか——市場主義の限界』の発刊記念に来日し、日本記者クラブで講演した (二〇一二・五・一四)。

そのなかで「最近の市場型社会では、何でもかんでもが市場で売りもの、つまり商品になってしまっている。確かに市場は私たちにとって貴重な手段であり道具だといえるが、これでは市民的な価値観や責任感は失われてしまう。……市場の価値と、「正義」といった市場にはないものの価値との間で、もっとバランスがうまくはかられる必要がある」と唱えた。

同氏は講演に先立ち、同日付の日本経済新聞に「市場第一主義に決別を」と題する論考を寄せている。あらましは次の通りだ。

「米国ではこの三〇年間、行き過ぎた「市場勝利（原理）主義」が席巻してきた。……（しかし）利益を追い求め、株（主）の価値を最大にすることだけが企業の目的ではない。国家にとっても企業の活動を奨励する究極の目的は共通善に資することだ。……（本来）グローバルな資本主義には普遍的な価値観が欠かせない。……グローバル市場の基準だけに縛られると、個々のコミュニティの重要な価値観や国家の独自性はむしばまれてしまう」——。

そこに言及された「市場の原理」や「グローバル市場の基準」を「文明」とし、その対照である「正義という市場にはないものの価値」や「個々のコミュニティの重要な価値観」を「文化」とすれば、その問題の取り上げ方や問題への接近の仕方、さらに両者のバランスをとることが望ましいとする点で、これまで述べてきた文明・文化の場合と共通するものがある。

「文明」としてのｉＰｈｏｎｅ、ｉＰａｄは便利で重宝し、だれもが使う。現代生活を営むのになくてはならない。だがそれだけに、だれもが利用する普遍性、汎用性、一般性、日用品としての性格から逃れられない。

これに対して「文化」としての本や雑誌は、より独自性、個別性が強く、なんのためにその本や雑誌を読むのか、その本や雑誌を手に取る理由や必要性、読み方などはそれぞれ千差万別であり、一律ではない。

「文明」としてのデジタルメディアは普遍性、汎用性、定型化、千篇一律などの性格を持つ。これに対して「文化」としての本・雑誌などの活字メディアには独自性、個別性、特有、個性などの特徴がある。

「文明」がもたらす秩序や効率、快適さなどを享受しながら、欠点ともなり得る汎用性、画一的、定型化、千篇一律、のっぺらぼうなところなどを、「文化」がもちまえの独自性や個別性を活かし、どう埋めていけばいいのか——それが問われるところだ。

遅読の文化

「本はゆっくり読もう」と「遅読《ちどく》」や「スロー・リーディング」を唱える動きが一部で静かなブームになっている。

きっかけを作ったのは、「日刊現代」に書評を書いていた山村修（〜二〇〇六年）の『遅読のすすめ』（新潮社、二〇〇二年）。二〇一一年八月にちくま文庫に収められ、波紋を広げた。

「大量読書・速読」の効用をうたいあげる評論家・立花隆、文芸評論家・福田和也らを向こうに回して、「立花式、福田式の速読は、みずから情報をどんどん摂取し、どんどん排泄していく「情報人間」になろうという人生上の選択をした人にとってのみ有効な読書術である」と喝破し、「本はゆっくり読む。ゆっくり読んでいると、一年にほんの一度や二度でも、ふと陶然とした思いがふくらんでくることがある。一年三百六十五日のうち、そんなよろこびが訪れるのは、ただの何分か、あるいは何秒のことに過ぎないかも知れない。それでも、速く読みとばしていたなら、そのたった何分、何秒かのよろこびさえ訪れない」と「遅読のすすめ」を説く。

続いて平野啓一郎が『本の読み方——スロー・リーディングの実践』（PHP新書、二〇〇六年）で、「社会はますます、そのスピードを速めつつある。……だからこそ、本くらいはゆっくり、時間をかけて読みたいものだ。……本当の読書は、単に表面的な知識で人を飾り立てるのではなく、内面から人を変え、思慮深さと賢明さとをもたらし、人間性に深みを与える」と本や活字への本来の接し方を唱道して、「遅読——スロー・リーディング」の流れがいっそう注目された。

さらにこの流れに棹さす形となったのが、神奈川県知事・黒岩祐治の執筆した『灘中　奇跡の国語教室——橋本武の超スロー・リーディング』（中公新書ラクレ、二〇一一年）。灘校OBの黒岩はかつて、『恩師の条件』（リヨン社、二〇〇五年）で同校の名物教師橋本武（〜二〇一三年）を描いた。それが新書として再装刊されたのである。

橋本教諭は、中勘助の『銀の匙』一冊を三年間かけて読み進める授業を導入、公立のすべり止め校にすぎなかった灘高を東大合格日本一に導いた、とされる伝説の教師。授業で文庫本一冊を三年かけて読み上げるのは、本の読み方としてまさに「超スロー・リーディング」だ。

さらに帯に「日本のリーダーたちを育てたスロウ・リーディングの物語」とうたう『奇跡の教室――エチ先生と「銀の匙」の子供たち』(伊藤氏貴、小学館、二〇一〇年)など、類書が多く出版され、「遅読――スロー・リーディング」ブームを後押しする格好となった。NHKがテレビで遅読をテーマに取り上げて話題にもなった。

遅読やスロー・リーディングの動きから目を離せないのは、ただそれがはやりすたりではなく、本や活字文化の本来のあり方にかかわるからだ。

遅読は「知読」でもある。

スロー・リーディングを説く平野は「一ヶ月に本を一〇〇冊読んだとか、一〇〇〇冊読んだからといって自慢している人は、ラーメン屋の大食いチャレンジで、一五分間に五玉食べたなどと自慢しているのと何も変わらない」(『本の読み方』)と指摘する。

確かにそれだとラーメンの味も分からなければ、たとえなかに折れた楊枝やゴキブリの死骸などが紛れ込んでいてもわからないだろう。

元首相の細川護熙が折に触れ、書にしたためる「没量《もつりょう》」という言葉がある。

没量とは「仏教の言葉で、この世の中の価値は量が基準になっている。お金でも、売上げでも、物の数でも多ければ多いほどよしとされる。でも結果や効果ばかりを意識し、利害打算にとらわれすぎると、心が狭くなってしまう。大きな働きをするには、そうした心持ちを超越することが必要」という意味だ（毎日新聞、二〇一三・四・二四）。

紙の本は文化に属すると記したが、同じ紙の本を読むにしても読書量を誇る速読家がやや「文明」人の顔をしているとすれば、「遅読――スロー・リーディング」の読み手はまさに「文化」人である。

読書の仕方はもとより、本への見方や活字の取扱い方で「遅読――スロー・リーディング」が意識され、強調され、広がれば広がるほど、文化としての本や活字は持ち前の特性を発揮する。

「読書少年」の大人ほど、「社会性」や「意欲」が高く「未来志向」

「子どもの頃に本をたくさん読んだ大人ほど、「社会性」「意欲・関心」「未来志向」などのすべての面で意識や能力が高い」――独立行政法人・国立青少年教育振興機構は二〇一三年二月、興味深い調査結果を発表した。

同機構は「子どもの読書活動と人材育成に関する調査研究会」を設け、「子どもの頃の読書活動が、成長してからの意識や能力にどのような影響や効果を及ぼすか」について二〇～六〇代の約五〇〇〇人を対象にネットでアンケートを実施、結果をまとめた。

あらましは次の通りである。

・「読書が好き」と答えた成人は、全体の六〇％。「一か月に一冊以上本を読んだ」成人は七二％。

・「子どもの頃に絵本や本をよく読んだ」成人や「好きな本や忘れられない本がある」成人ほど、一か月に読む本や一日の本を読む時間が多い。読書量を子どもの頃（就学前から中学時代まで）と高校時代に分けて比べると、成人の読書が好きかどうかについては子どもの頃の読書量と、成人の現在の読書量については高校時代の読書量とそれぞれ強く関係する。

・「子どもの頃に絵本や本をよく読んだ」成人は、「子どもの頃の（読書以外の）体験活動も多い」。また「子どもの頃の読書活動と体験活動の両方が多かった」成人は他に比べて現在の意識や能力が高い。

読書以外の体験活動とは、「かくれんぼや缶けり、ままごとやヒーローごっこをした」などの友達との遊び、「花を育てたり、トンボや蝶、バッタなどの昆虫をつかまえたりした」、「海や川で貝を取ったり、魚を釣ったりした」などの自然体験、「食器を揃えたり、かたづけたりした」などの家事手伝いなどを指す。

・「子どもの頃に絵本や本をよく読んだ」成人ほど、「ボランティア活動に参加したことがある」割合が高く、「子どもに本の読み聞かせをした」、「子どもといっしょに図書館を利用した」など、読書を通しての子どもとの関わりが多い。

・「子どもの頃に本をたくさん読んだ」成人ほど、「社会性」「市民性」「文化的な作法・教養」「自己肯定」「意欲・関心」「未来志向」などの面で、現在の意識や能力が高い。「社会性」とは、「交通規則など社会のルールは守るべきだと思う」、「近所の人に挨拶ができる」などの規範意識や人間関係についての意識、共生感など。
「市民性」とは、「新聞やテレビ、インターネットで政治に関する報道を閲覧・視聴する」、「政治・社会的な論争に関して自分の意見を持ち、議論する」など。

「文化的な作法・教養」とは、「ひな祭りやこどもの日、七夕、月見などの年中行事が楽しみ」、「盆や彼岸には墓参りに行くべきだと思う」など。

「自己肯定」とは、「自分のことが好き」、「家族を大切にできる」、「毎日の生活に満足している」などの自尊感情や充実感など。

「意欲・関心」とは、「わからないことはそのままにしておかないで調べたい」、「なんでも最後までやり遂げたい」、「経験してないことにはなんでもチャレンジしたい」など。

「未来志向」とは、「一〇代の頃にやってみたい仕事やなりたい職業があった」、「できれば社会や人のためになる仕事をしたい」、「将来の目標がある」など。

もっとも子どもの頃からの読書好きかどうかやその読んだ本の量と、学歴や年収の間に強い関係は見られないという。

同機構では、「子どもの頃の読書は豊かな人生への第一歩——読書好きの子どもは積極的」というたったリーフレットを作成、読書の大切さを呼びかけている。

推理小説家・木々高太郎としても知られる大脳生理学者の林髞《たかし》は、「頭を良くする方法」として「栄養」と「睡眠」のほかは頭を使うことだけであるとして、その頭を使うのに最も有効なのが「本を読むこと」だとしている（『頭脳』）。

大和証券グループ本社社長の日比野隆司は、岐阜県羽島郡の幼稚園時代、先生とケンカして登園拒否となり、やがて幼稚園を中退した。近所の遊び仲間が幼稚園などから帰ってくるまで、ひとり家で兄や姉の本を読んで過ごした（日経夕刊「こころの玉手箱」一三・七・二三）。

同氏は「自分の置かれた立場を反映してか、「美しい話・いじんの心」など、つらい少年時代を経て偉業を成し遂げた人物伝をよく読んだ。長じて読書好きになったのは、間違いなくこの時期に本に接することが多かったためだろう」と子どもの頃を振り返る。

そうした幼い日の読書体験は、同氏に限らず、多くの人が持ち合わせており、母親のこと、父親のこと、兄や妹のこと、伯父叔母のこと、遊び仲間のこと、幼稚園や小・中学校の友達や先生のことなど、本にまつわる思い出や記憶の切れはしとともに、それぞれ大人になった心の奥底に眠っている。

「大学生一〇人のうち四人は読書時間ゼロ」

しかし現実は厳しい。

「大学生の一〇人のうち四人は一日あたりの読書時間がゼロ、本をまったく読んでいない」――こんな調査結果が明らかになった。全国大学生活協同組合連合会が国公立、私立大学の学部学生を調査対象に、一万人近い平均値をまとめたものだ（二〇一四年二月）。

調査によると、「本をまったく読まない」学生の比率は四〇・五％と初めて四割を超えた。調査を始めてから初めてという。

授業時間や授業の予習・復習、就職関連の勉強にかける時間はわずかながら増えているにもかかわらず、本を読む時間はこの数年めっきり減っている。本の購入費やそれが生活費全体に占める比率も下がってきた。

調査結果とともに浮かび上がってくるのは、キャンパスで、通学の電車・バスで、放課後や週末の自宅・下宿で、暇さえあれば手元のスマホの操作に余念がない学生の姿だ。スマホやタブレットが手放せない――それはそうだとしても、本がもっと読まれてよい。

詩人の長田弘はこう言った。

「人生は、何で測るのか。／本で測る。／一冊の本で測る。／おなじ本を、読み返すことで測る」

――（『幸いなるかな本を読む人』）

四 「メディアの法則」

東日本大震災などで「文明の利器」として遺憾なくその真価を発揮したデジタルメディア。文明としての電子メディアには、

・電子機器・装置を利用して大量の情報・データを迅速に処理し、高速で検索、結果を回示

・時（間）空（間）の制約を超え、だれでも・いつでも・どこでも受発信できる

・汎用性・効率が高く、画一・共通、大量・容易にコピー・伝播・移植できる

・ネットワークを使い、相互にコミュニケーションをはかれる

などの特性がある。

その一方、短所としてあげられるのは

・電子機器や装置、ソフトウェアなどのお膳立てが必要

・オーラ（アウラ　そのものが持つ独特の雰囲気）やオリジナル性を滅失、前後の文脈を失い、緊急度・重要度・優先度などの価値の序列を喪失

・情報・データの真贋性、信頼性に欠ける場合がある

・人間生活のソフトウェアである情緒・感情・機微・個性から隔たりがあることも

などだ。

「生理」というよりは「論理」、「個別」より「普遍」、「人」より「もの」、「ローカル」より「グローバル」、「思い思い・てんでんばらばら」より「のっぺらぼう・千篇一律」に傾きやすい。

これに対し、とりわけ電子メディアと比べたときの活字メディアの特性は、次のようなものだ。

・本を手に取ったときの手触りや紙の質感、表紙、装幀・挿画、本の造り、また本を入手したり読んだりしたときの雰囲気や情緒

・著者と編集者の共同作業による著述（本）、編集者による独自の編集センスを活かした誌面の提供（雑誌）、客観報道にもとづき情報を整理して届け「情報の羅針盤」としての役割を果たす（新聞）——などへの一定の信頼性

・オーラやオリジナル性があり、情報の前後の脈絡や文脈、位置づけ、緊急度・重要度・優先度などそれぞれの序列がわかりやすい

・持ち運びでき、そのものさえあれば、だれでも・いつでも・どこでも、読んだり読み返したりできる

一方、活字メディアの欠点としては

・大量の情報やデータに物理的に対応しにくい

・情報やデータを提供するのに一定の時間がかかる

・利用者に届けるのに、制作・印刷などの工程や輸送手段や流通システムを必要とし、コストがかかる
・情報の流れは一方通行

など。

「メディアの法則」の四つの局面──「強化・衰退・回復・反転」

これらの電子メディアと活字メディアの特性や対比を踏まえ、それらをマクルーハンの「メディアの法則」に落とし込み、電子メディアの発展によりどのような四つの局面（テトラッド）が展開されるかを見てみる。

マクルーハンが唱える「メディアの法則」とは、人間が手を加えた人工物はどのようなモノやサービスであれ、それによって(a)強化したり加速したりするもの＝強化、(b)失われたり減ったりするもの＝衰退、(c)回復されたり再現されたりするもの＝回復、(d)もたらされる結果とそれにより反転したりはね返ったりするもの＝反転──という四つの局面があり、変遷し消長していくというものだ。

電子メディアによって、メディアの法則に従ってなにが強化され、衰退し、回復し、反転するかをあたってみる。

マクルーハン流「メディアの法則」から導かれるのは次のようなことがらだ。

㈠「デジタル文明」＋「活字文化」という並存（ハイブリッド）型の情報提供がいっそう活発になる

㈡その一方、デジタル化に伴う画一性やのっぺらぼうなところから抜け出ようとする志向・希求が強まり、活字メディアの個性や独自性を甦らせようとする試みや動きが出てくる

㈢デジタル化が進むにつれ、反転現象として独自性のある既存の「文化」をいま一度見直し、評価する意向が強まる可能性がある

コラム

マクルーハン「メディアの法則」

活字を基本に据える一五世紀以降の社会・文化を「グーテンベルクの銀河系」と名づけたカナダの社会学者マーシャル・マクルーハン。

メディアそのものにメッセージが込められているとして、「メディアはメッセージである」と唱えるなど、独自のメディア論を展開した。

そのメディア論はテレビで代表される六〇年代の電子・電気機器ブームに対応して説きおこされた。が、インターネットなどの電子デジタルメディアが躍動する九〇年代以降の今日こそ、マクルーハン理論はよりうまく適合する、と見ることができる（マクルーハン自身は一九八〇年、六九歳で世を去った）。

「人間が手を加えた人工物は——言語であれ、法律であれ、……道具であれ、衣服であれ、コンピュータであれ——すべて「物理的な人間の身体および精神の拡張物」である」とマクルーハンは主張する。

人間の能力を拡張する「人工物」が新たに登場した場合、それがおよぼす影響や効果について考察し、どんな人工物も四つの局面の組合わせ（テトラッド tetrad）からなる「メディアの法則」に従う、と言い切った。その考えは、子息エリックとの共著『メディアの法則』にまとめられ、死後刊行された。

「メディアの法則」の四局面の組合わせとは、次の通りである。

(a)「その人工物が強化したり、可能にしたり、加速したりするものは何か?」＝強化(enhance)

(b)「それにより追いやられ、廃れ、減るものは何か?」＝衰退(obsolesce)

(c)「かつてあった作用（アクション）や便宜（サービス）のうち、回復され、再現されるものは何か?」＝回復（retrieve）

(d)「以前の状態が限界まで圧迫されると、もとの性質から反転したり、はね返ったりすることがある。それはどのようなものか?」＝反転（reverse）

マクルーハンはそれらの関係を次のような図で示す。

（強化、加速するもの） (a)**強化**	（もたらされる結果と反転） (d)**反転**
(c)**回復** （回復、再現されるもの）	(b)**衰退** （失われたり減ったりするもの）

「メディアの法則」の四局面

この「強化・衰退・回復・反転」の中身は、どんな人工物のなかにもはじめから内在しており、同時に生まれ補完し合う、とする。「(a)強化」と「(b)衰退」も相互補完的であり、「どんな技術、思想、道具であれ、利用者に新たな活動範囲を可能にすると同時に、古いやり方を片隅に追いやる」と論じる。

(a)(b)(c)(d)はまた「同時的に起きる現象であり、テトラッドを読む「正しい方法」などなく」いろいろな解釈があり得、かりに「衰退」といっても「何かが終わるわけではなく、別の新しい始まりにつながり、あらたな……発祥の地にもなる。……一つの崩壊は次の新たな一つの打開につながる」と補足する。

『メディアの法則』とそれに続く『グローバル・ヴィレッジ』には、一部重複はあるものの「クレジットカード」「戦争」など延べ一〇三もの四局面の例が紹介されている。

ここで、マクルーハンの「メディアの法則」の枠組みを借りて、電子書籍など電子メディアの進展が何をもたらすか、その「強化・衰退・回復・反転」を活字メディアとの関連で考えてみる。

電子メディア――メディアの法則

(a) **強化、加速するもの＝強化** • 情報・データの大量・迅速処理、高速検索・結果回示 • 汎用性・効率が高く、画一・共通 • 大量・容易にコピー・伝播・移植できる • ネットワークを利用した相互のコミュニケーション • 時(間) 空(間) の制約を超え、だれでも・いつでも・どこでも受発信可能	(d) **もたらされる結果と反転＝反転** •「デジタル文明」＋「活字文化」の並存(ハイブリット)型社会へと進展 • 画一性からの脱皮、個性・独自性の復活、デジタル依存症からの脱却、などへの志向・希求の高まり • 自己という「文化」を尊重する気持ち
• 効率・汎用性 • 画一性・共通性 • 個人による情報の受発信機能 (c) **回復、再現されるもの＝回復**	• 活字・活字メディアの諸特性 ・本の手触りや紙の質感、装幀・挿画、造り ・本を入手したり読んだりした時の情緒 ・情報の前後の脈絡や文脈・位置づけ、緊急度・重要度・優先度など、価値の序列が明確 ・情報のオーラやオリジナル性、高い信頼性・安心感 ・人間生活の情緒・感情・機敏などをよりきめ細かに反映 • 歴史的・社会的な特質や慣習から乖離することによる内部の精神的な結合 (b) **失われたり減ったりするもの＝衰退**

それぞれのおもな項目を図に示すと前ページのようになる。

デジタルメディアの展開により、(a)情報の大量・迅速処理やネットワークを使った相互のコミュニケーションが進む一方、(b)本の手触りなどの質感や情報の前後の脈絡、情報のオーラなど活字メディアの諸特性は失われることになり、(c)効率や画一性が高まり個人の情報の受発信機能は強まる、などが見てとれる。

(d)電子メディア発展によりもたらされる結果とそこからの反転、としては「「デジタル文明」＋「活字文化」の並存（ハイブリッド）型の情報提供がさらに活発になる」、「その一方、電子化に伴う画一性（のっぺらぼう）から脱却しようとする志向・希求が強まり、個性や独自性を甦らせようとする動きが出てくる」、「電子化が進むにつれて、反転現象として自己という「文化」をいま一度見直し、尊重する気持ちの高まる可能性がある」

——などがいえる。

第四章　電子書籍、本・雑誌の行方

前章で述べた「文明」としてのｉＰａｄ、「文化」としての本・雑誌・新聞の特性を踏まえ、マクルーハンの「メディアの法則」を利用した分析結果も加味しながら、紙の本や雑誌、そして電子書籍や電子雑誌の今後について見てみよう。

一　進む電子化

まず出版分野のデジタル化の動きから。

アマゾン「キンドル」日本版投入

わが国で電子書籍は幾度か「電子書籍元年」ともてはやされ期待されてきたが、その都度失速、市場は足踏みしてきた。そうしたなかで米アマゾンは二〇一二年、わが国で電子書籍の専用端末

「ｋｉｎｄｌｅ（キンドル）」日本版の投入に踏み切り、ほぼ同時期に電子書店「キンドルストア」を開店した。これと前後して、インターネット通販最大手の楽天は「コボタッチ」、ソニーは「リーダー」を市場に投じた。

アップルはタブレット型小型端末「ｉＰａｄミニ」、米グーグルは「ネクサス７」をそれぞれ登場させるなど、米国勢の動きもあった。電子書籍利用の受け皿として期待されるスマホも伸長が著しい。

規格面では、電子書籍規格の推進団体、国際電子フォーラム（ＩＤＰＦ）の「ＥＰＵＢ（イーパブ）」を採用する方向がほぼ固まった。

大手出版社や印刷会社などに官民ファンドの産業革新機構が加わった出版デジタル機構も発足した——。電子書籍化に向けて市場の環境は少しずつ整いつつある（小稿「電子出版」『文藝年鑑二〇一三』『同二〇一四』）。

ＤＶＤ付き『大辞泉』第二版、「三浦綾子電子全集」

活字メディアと電子メディアが触れ合う境界ではさまざまの動きがある。

二〇一二年一一月に発売された『大辞泉』（小学館）第二版。大型国語辞典としては初の横組みでＤＶＤ付き、などのアイデアがこらされている。なかでも注目されるのは、「最新の情報、深化・更新し続ける国語辞典」として、中身を更新できるDVDとセットになっていることだ。『大辞泉』はこれまでも電子辞書やウェブ版、iPhone版向けなどに電子化され利用されてきたが、紙の辞典と電子媒体が組み合わされて販売されるのは初の試み。新聞・雑誌、テレビで話題になった時事用語から人名・動植物名・観光地名、食品・スポーツ・科学関連用語にいたる二五万語が網羅されている。DVDを通じて二〇一五年まで毎年一回、合計三回まで更新がおこなわれ、読者は最新の内容に接することができる。従来の紙の書籍では不可能だった「常に生まれ変わる新鮮な情報」に触れることができる。『大辞泉』の初版が刊行されたのは、第二版発売の一七年前。好評を博し五八万部のヒットとなったが、当時ネットはまだ一般的ではなかった。

グーグルやウィキペディアなどのオンライン検索がごくあたりまえになり、新語が次から次に登場するいま、機動力に欠ける紙の辞書はどうしても不利な立場に置かれる。それを打開するためにひと工夫された「ネット時代の国語辞典」としての試みである。

小学館は、「二〇一二年は『氷点』……など数多くの作品を執筆された三浦綾子の生誕九〇周年であり、また小学館の創業九〇周年にあたります。それを記念して……三浦綾子記念文学館との共同企画として、三浦氏の作品を末永く後世に残すべく全単独著作（八〇作品九一点）を電子書籍化し、配信する運びとなりました」として、同年秋「三浦綾子電子全集」発売を高々と打ち上げた。

電子書籍端末、タブレット端末、PC、スマートフォン、携帯電話が対象で、価格は九〇周年記念特価として税抜きで全作各五〇〇円である。三浦綾子は八二の作品を書き、本として上梓されたが、そのうちの四〇作は絶版になったままだったという。

「綾子の書いたものがこういう形で残ることに正直驚いています。世界中で永遠に読み継がれることに、大きな喜びを感じます」――と、夫であり三浦綾子記念文学館長を務める三浦光世は、電子書籍によってもたらされた新たな可能性を率直に評価する（朝日新聞夕刊、二〇一三・五・二四）。新潮社は、塩野七生の大著『ローマ人の物語』を日本語と英語で初めて電子書籍化し、アマゾンのキンドルストアなどで売り出した。

電子雑誌「つんどく!」、「モーニング」

「指で「つんつん」触って楽しむ電子小説誌、ついに創刊!」――文藝春秋は一三年四月、電子小説誌「つんどく!」の創刊を発表した。紙の雑誌をデジタル化するのではなく、はなから電子書籍版だけの雑誌である。文春にとっては初の試みだ。定価は税込み八五〇円。キンドルストアなどの電子書店で販売に乗り出した。

創刊号の特集は「ミステリー二〇一三」。東川篤哉など人気作家の一七作の読みきり小説やエッセイを載せてある。「別冊文藝春秋」で原稿を募集した新人の七作品も収容されている。「旅先で!

出張の新幹線で！　ちょっとした待ち時間に！」というのがうたい文句だ。誌名の「つんどく！」は「積んどく」からきているのではなく、読者にスマホや電子書籍端末などの画面を指で「つんつん」して読んでほしいとの意味から、という。掲載作品をいずれ、紙の単行本として刊行される可能性もあるとみられ、紙の本を電子化するという従来の動きとは逆方向の流れとなる。同社ではすでに一〇〇万人を超える海外の在留邦人を対象に、月刊「文藝春秋」とほぼ同内容の電子版を発行している。

講談社は二〇一三年五月から、「史上初」と銘打って主力週刊コミック誌「モーニング」の電子版サービスを始めた。「モーニング」には「社長　島耕作」「宇宙兄弟」などの人気マンガが連載されている。電子版は週刊誌とほぼ同じ誌面内容で、紙と同じ毎週木曜日に配信される。週刊誌は一部三三〇円のところ、電子版は月額五〇〇円だ。

ＮＴＴドコモは二〇一四年六月、「ｄマガジン」のサービスを開始した。電子雑誌の定額読み放題サービスだ。読者はスマホやタブレットで、七〇誌以上の人気雑誌を読み放題に利用できる。利用料は月額四〇〇円（税抜き）。雑誌記事がジャンル別に分類されているので、興味がある分野の記事を横断的に読むことが可能だ。

同じ活字媒体の新聞でも各社の間でデジタル化の動きが加速してきた。

日経は二〇一〇年に電子版を創刊した。有料会員は約三一万人と本紙読者の一割に相当する。無料会員も含めた総数は二〇〇万人を超える（二〇一三年八月）。二四時間体制でニュースを入れ替え、新聞紙面からの約三〇〇本と電子版としての独自記事約六〇〇本の合計約九〇〇本が提供される。スマホの浸透に対応する形で、朝日、毎日、読売新聞、産経新聞などもそれぞれ、電子分野の強化を急いでいる。

電子自己出版（セルフパブリッシング）

電子書籍化の流れのなかで、電子自己出版（セルフパブリッシング）も注目を浴びている。セルフパブリッシングとは、出版社や編集者を通さず、自分自身で電子書籍を出版し、販売することだ。

米アマゾンは二〇〇七年、電子書籍専用端末のキンドルを発売したが、それと同時に「誰もが無料で電子出版できる」との触れ込みで「キンドル・ダイレクト・パブリッシング」（ＫＤＰ）のサービスを始めた。アマゾンは

「無料で簡単――出版にかかるコストゼロ
世界中で販売――アマゾンの販売経路を通じて、世界中の読者に本を提供
今すぐ出版――出版手続きにかかる時間は五分、本は四八時間以内に販売
七〇％のロイヤリティ――ＫＤＰに登録すると、七〇％のロイヤリティを獲得できる

多言語対応──日本語、英語を含む七か国の言語で出版可能」とうたい、「今日からKDPで本を出版しましょう」と呼びかける。

米国では二〇一一年に書籍と電子書籍をあわせて一四万タイトルもの自費、自己出版物が出されたが、このうち六割強の八万タイトルが電子書籍で、前年に比べ倍増したという。

これまで自費出版といえば、紙の本で作るのに一点あたり百万円単位の費用をかける必要があったが、それに比べて制作コストは大きく下がる。

「わが国ではPCやタブレット、スマホなどを使ってメルマガやブログなど自分の思いや考えを吐露する動きがよその国に比べ盛ん」とされる（日本電子出版協会「パネル討論　今年の電子出版トレンド」日本教育会館、二〇一三・一二・二〇）。なかには個人で電子書籍を出し、評判になってあらためて紙の本として出版された例もある。

しかし出版界は依然、冬の厳しいさなかにある。

発行部数ひとつ見ても、ドキュメンタリー、ノンフィクション、硬派もの、専門的なものなどでかつて五〇〇〇部程度が基本だった初版刷り部数も、最近ではせいぜい一五〇〇〜二〇〇〇部ほどに落ち込んでいる。初刷《しょず》りが減っているというよりは、むしろこうした分野を中心に商業出版物としての刊行そのものが困難になってきた。まさに危機的な状況といってよい。

そのようななかで、電子自己出版がそれを埋め合わせる格好で今後どの程度増え、広がるか注目される。

二　生き残る活字メディア

ボロボロの「週刊少年ジャンプ」回し読み、むさぼり読まれた新聞

「ぼろぼろになった一冊の「週刊少年ジャンプ」が、被災地の子どもたちを笑顔に」。第一六回手塚治虫文化賞の特別賞が仙台市の塩川書店五橋店に贈られた。東日本大震災に襲われた仙台市。多くの書店が休業をやむなくされたなかで、同店は震災三日後に店の再開にこぎつけた。が、流通は滞ったまま、コミック誌などの最新号は届かない。

たまたまひとりの客が読みおえたジャンプ誌を差し入れてくれた。「ジャンプ読めます」の張り紙に、おおぜいの子どもたちが店にやってきて、みんなで回して読んだという。

そのジャンプ誌の発行元・集英社では、作者の秋本治と手を携え連載漫画「こちら葛飾区亀有公園前派出所」を育て上げた編集者・堀内丸恵が、集英社の社長に就任した。同氏は、被災地でジャンプがボロボロになるまで回し読みされていたと伝え聞いて、社長就任のインタビューで、「(あらためて雑誌が)求められていたと思い知った。これからも面白い誌面を読者に届けたい」と抱負を語っている（読売　二一・九・四）。

毎日新聞・編集編成局長の小川一も三・一一震災の直後、被災地に赴いたとき、新聞が回覧され、むさぼるように読まれていた光景を目の当たりにし、新聞という紙媒体の強さを再認識するとともに、その使命や責任の重さをあらためて心に刻んだという（前掲シンポジウム「ネット時代にメディアの公共性を考える」）。

本なら、電池もいらない。電子機器も必要としない。画面を消去してしまったらあとに何も残らないというものではない。インクで印刷されたことばを載せた紙を綴り合わせただけ、という驚くほど単純で、安価で、読むにも持ち運ぶにも便利なもの――若き気鋭の社会学者・古市憲寿は「かりに電子書籍の時代が先行していて、そこに紙の本が登場したとすれば、世間からは「こんなに便利でよいものはない」と拍手喝采で受け入れられたのではないか」と揶揄《やゆ》を込めて語る（シンポジウム「活字の力――若者にも伝えたい」日経ホール、二〇一三・九・一四）。

従来型の紙に印刷された本や雑誌は電子書籍化やウェブマガジンの流れを取り込みながら、自ら生き残るためにいっそう磨きをかけることになるだろう。

読書家・愛書家の言い分

いまさら取り上げる必要もないほど、本への読書家や愛書家の思い入れや愛着は強い。その言い分や思いのたけをいくつか取り上げる。

「たとえば少年のころ、お小遣いをにぎりしめてはじめて本屋に行って、欲しかった本、読みたかった本を買い求めたときの、あのささやかだが何とも形容できない感覚がある。あれはけっして、読みたかったテクストが読めるというだけのものではなかった。物語の世界に、科学の世界に導きいれてくれることの約束が、《書物》という物体の姿と手触りとして、いま自分の手の中にあるという、ほとんどエロチックとさえ言える喜びである」(『書物について』)と想い起こすのは、明治学院大学名誉教授・仏文学者の清水徹。本好きならだれもが思い当たる本との出会いである。

日本ペンクラブが主催し開かれたシンポジウム「本の未来」で、作家の松本侑子は本の特性をこうたたえる。

「持ち運びするのに重い、内容は検索できない、絶版になれば手に入らない。……でも私は本が好き。紙そのものに魅力がある。なかを読むのはもちろん、紙の手触りから匂いにいたるまで、視覚、触覚、聴覚、人間のあらゆる感覚を刺激する。表紙、背表紙、扉、見返しの色使い、活字の組み方。……本を持つことは何ものにも代えがたい喜びだ」(早稲田大学小野記念講堂、二〇一〇・九・二九)。

英文学者で作家の吉田健一はこう書いている。

「一冊の本とその読者の関係は常に一対一であって、万人に同じものに受け取れる本などといふものはない。……本といふのはその内容でといふのがこの頃の考へ方なのかも知れないが、もし例へば食べるといふのが我々の生活の一部をなすには、ただ栄養を取るだけのことであってはならないならば、我々が本を読むといふのもその本を手に取ることであり、それを開けることであり、その紙質や活字の恰好が目に入って来ることであって、さういふこともその本の内容になる」(『吉田健一　友と書物と』)。

作家の柳田邦男は「命と共鳴する絵本」と題する講演のなかで、「いまＩＴ革命ということで、パソコンや携帯電話を通じていろんな情報を得たり、あるいはおもしろくなければどんどん画面を送って、間というものが失われていく、こういう情報化時代の中で、ほんとうに魂をゆさぶられるような時間と空間を得られる媒体はなんだろうかというと、最高のものは絵本かもしれない」と、絵本について述べている(河合隼雄ほか『絵本の力』)。

アニメ監督の宮崎駿はみずから率いるスタジオジブリの会報誌「熱風」で、「誰にでも手に入るものは、たいしたものじゃないという事なんですよ。本当に大切なものは、ｉナントカじゃ手に入らないんです」(二〇一〇年七月号「iPad特集」)と言い放つ。

本と電子書籍の違い

本と電子書籍、二つのハードウエアには物理的な違いがある。

「物質としての本は一点一点が別の顔、別の外見をもっています。……個別性や多様性を、より多く保証し得るメディアといってもいいでしょう。それに対して電子本リーダーでは、特定の企業や特定のだれかがつくったハードやソフトの平面に表現が均されてしまう。……最初はびっくりするけど、どれも同じ味しかしないから、かならず飽きる。それに飽き、疲れた者が印刷本に向かう。向かうところ（つまり個別性や多様性）がきちんと確保されている」（津野海太郎『電子本をバカにするな』）といった要素がある。

イタリア碩学の作家として知られるウンベルト・エーコは、活字の本が電子書籍と棲み分けていく可能性について、ことば穏やかにこう述べる。

「ある裁判の証拠書類を二五〇〇通、裁判官が自宅に持ち帰ろうとする場合、それらが電子化されていれば、より楽だろうというのは間違いありませんね。多くの分野で、電子書籍は素晴らしい利便性をもたらすことでしょう。それでもなお私が素朴な疑問として思うのは、かりに技術が需要に充分に応えられるほどに発達したとして、『戦争と平和』をどうしても電子書籍で読まなきゃならないかということです」。

活字メディアが無用の存在としてやすやすと消え去ることはないだろう、と示唆する（『もうすぐ絶滅するという紙の書物について』）。

『月と蟹』で直木賞を受賞した作家道尾秀介は、評論家・杉江松恋との対談のなかで電子書籍について触れ、こう述べた。「どちらかといえばあまり好きではない。畳の上で電子レンジを使うみたいなところがある」（前掲シンポジウム「活字の力」）。

評論家・武田徹は「本は近い将来、ただ使用するだけという位置づけの電子書籍と、所有することが喜びであるような活字書籍に二分されるのではないか」と展望する。同じく講談社副社長（当時）・野間省伸も「机に向かい前かがみで利用する（リーンフォワード）のが電子書籍、後ろに背をもたせかけ読む（リーンバック）のが活字の本」と、別の言い方でその違いを指摘する（いずれも前掲シンポジウム「本の未来」）。

紙に印刷された活字本を手ごろな価格で、書店などの流通経路を通じて容易に入手し読むことができるというのは、グーテンベルクの活版印刷の発明から現在に至るたかだかこの数百年に過ぎない。それまでの写本や草紙本など、わずかな部数に限られ高価であったものとは異なり、誰でも一定の価格で活字本を手にし、目にすることができた。たくさんの人々がこのすばらしい恩恵に浴してきた。

モノとしての本はその作りや働きの上でほとんど変わっていない。いまさらいじりようがないくらいの存在ともなった。しかも本には一冊ごとに違いがあり、個性がある。

『本の歴史文化図鑑』の序文で著者マーティン・ライアンズは、「本は電池を必要としないし、ウィルス感染もない。……本を閉じてもデータを失うことはないので、「データ保存」する必要はまったくない。書物とは、つねに便利な小道具以上のものだった。……書物は教育の道具であり、宗教的な霊感を与える源になり、芸術作品にもなり得るのだ。それはまた……強大な政治力の拠りどころでもあった」と書物の持つ力について記す（『本の歴史文化図鑑』）。

「書物と人間」について、明治学院大学教授の長谷川一はこう喝破する。

「〈書物〉の「不自由さ」は、〈人間〉が〈人間〉であることに根本において随伴する「不自由さ」とパラレルである。その「不自由さ」とはほかでもない、わたしたち自身の物質性、身体に関係している。身体とは、徹底して有限性の刻印される物質であり、〈人間〉はそこから一時たりとも解放されえないという条件の下でしか「生」を成立させることができない。その意味で、身体は桎梏である。と同時に、その身体が結節の基盤となるからこそ、「わたし」は世界と具体的な関係を切り結ぶことができ、「わたし」の単独性を確立することを可能にする。……物質性……を媒介として、矛盾する力動が調停され、それをはさんで両側にたつ者が相互の言葉を信じられるようにするための仕掛けなのだ」（「〈書物〉の不自由さについて」「思想」二〇〇九年六月号）。

この武骨さ、不器用さこそ、本のひとつの本領であり、底力である。「文明」としての電子メディアの汎用性や画一性とは異なる「文化」としての本のもともとの特質だ。むしろ電子メディアが浸透すればするほど、それとは異なる別のメディアとして、本の持ち味があらためていっそう認識されることになるだろう。

　そのためには、手に取ったときの手触り、紙の質感、本の表紙や装幀、造りなどにいっそう工夫がこらされる、独特のオーラや深いオリジナル性のある内容とされる、人間生活の情緒・感情・機微がよりきめ細かに反映される、本来のまっとうな読書法といえる遅読にも十分耐えられる内容である——などが十分満たされてはじめて、本の命脈は保たれることになる。

　自分にとってはなにものにも替えがたい本、手元から離せない大切な本、持つことに喜びが感じられる本——これらの本はたとえ点数や部数は減ったとしても、最後まで生き残り得る。

　雑誌や新聞はどうか。

　雑誌には、満ち溢れる情報に対してプロの「キュレーター」（選び集めた情報を特定のテーマに沿って編集・企画し、新たな意味や価値を付加する専門スタッフ）としての力量がいっそう問われる。

　新聞には、ネットで様々の情報が氾濫する状況のなかで、正確な情報が紙面に的確に位置づけられ一覧性を保って提示される「情報の羅針盤」としての役割がさらに求められることになる。

　もっとも現実は厳しい。

　出版物の売上げ全体は約二兆千億円とこの一〇年ほどの間に三割強も減り、出版社数も減少してきた。売上げ上位五社だけで売上げ全体の二割強を占め、上位五〇までをとれば全体の過半に達するようになった。電子書籍化や本離れなどにより中小の出版社を中心に打撃を受け淘汰され、ひとにぎりの大出版社が生き残るという構図はいっそう明確になる。

そうしたなかで、出版社としてはその理念を掲げながらも電子書籍という新分野にどのように駒を進めるか、そして少ない部数や減少する発行点数を踏まえどのようなビジネスモデルをいち早く築くかが課題となる。

デジタルメディア・活字メディア

ｉＰａｄを「文明」、本や雑誌を「文化」と見、マクルーハン「メディアの法則」の四局面を織り込み、デジタルメディア・活字メディアの消長について括《くく》ると、あらまし次のようになる。

デジタルメディアは「文明」の利器として

・大量の情報・データを迅速に処理して、高速で検索、結果を得る必要がさらに強まり、今後ますます力を得る。

その中身は汎用性があり、効率がよく、画一的で、共通であることから、一定の電子機器や装置、ソフトウェアのもと、だれでもいつでもどこでも、自由に時空の制約を超え、受発信し、複写し、電波、移植できる。

・しかしその内容のオーラは薄れ、オリジナル性は低い。

ときには信憑性や信頼性に欠ける場合がある。またその中身だけからは前後の文脈を失い、緊急度や重要度、優先度などの相対的な位置づけを見定めにくいことがしばしばだ。

・内容がふだんの暮らしの慣習、情緒、感情、機微、個性などから乖離し、ひとり歩きする場合がある。

活字メディアは「文化」の遺産として

・積載する紙誌面の物理的な制約があり、情報・データの大量・迅速処理には向かないが、内容はオーラやオリジナル性が高く、本を手に取ったときの手触りや紙の質感、表紙、装幀・装画、本の造りなどに加え、本を入手したり読んだりした時の雰囲気や情緒が好まれ、生き残り得る。

デジタルメディアが伸長、浸透するにつれ、その独自性や個別性という特性が、「文明」の画一性や普遍性と対比して見直され、あらためて評価される場面も出てくる。

本や雑誌、新聞そのものさえあれば、いつでもどこでも特段の装置なしに利用できるのは心強い。

だが制作・印刷などの工程や配送のための手段などは欠かせず、発行部数の相対的な減少が避けられないことから、読者の入手価格の上昇は避けられない。

・著者と編集者の共同作業による著述（本）、雑誌の編集者による独自のセンスを活かした誌面の提供、新聞の客観報道にもとづき情報を整理して届ける「情報の羅針盤」としての役割――などへの信頼性や評価がいっそう高まる。

・読み手にとって、紙誌面に置かれた情報の前後の脈絡や文脈、位置づけ、緊急度・重要度・優先度などを読み取りやすく、紙誌面に反映されたきめ細かな暮らしの情緒・感情・機微・個性なども感得し得る。

今後はどうなるのか。

もう少し具体的に見てみよう。

その形態を

① 従来型の紙に印刷された本や雑誌

② 紙の本が電子書籍化され、雑誌が電子雑誌（ウェブマガジン）化されたもの

③ はなから電子書籍や、ネット利用だけを目指したウェブマガジン

――とすると、予測される将来の本や雑誌、電子書籍の姿は次の通りとなる。

㈠ 本や雑誌としての形態は現在、そして差し当たりは、①、①＋②、②、③のどれかになる。現在はほとんどが①であり、②単独というのはおもに移行期の形態として存在するとみられる。

㈡ 本や雑誌はやがて、③、①＋②、①のいずれかに集約され、それぞれしばらく並存しよう。

その過程で、傾向としてはいまより③の比重が高まってこよう。従来型の本や雑誌のどれが③、①+②、①となるのか、また③、①+②、①の比率がどう推移していくかなどは、紙と電子のいずれが適性なのか、コストはどう異なるか、流通形態としてどちらが向いているか、などにより試行錯誤を繰り返しながらゆるやかに変わっていく。

㈢　一般的には、②や③は①に比べ、造本・配送・販売等のコストが格段に少なくて済み、有利である。

にもかかわらず紙の本や雑誌として真にその適性が高いものは、数は減っていくものの、あくまでも①や①+②として残ろう。デジタルメディアは「汎用性」、活字メディアは「個別性」というそれぞれの特性を生かした動きがしばらく続き、やがてそれぞれがその特性に応じた落ち着きどころを見出し、たがいに棲み分けていくことになるだろう。

米国ではアマゾンの専用端末キンドルが尖兵となり、爆発的に電子書籍が普及していった。だが二〇一三年ごろには伸びは前年に比べて横ばいとなり、安定成長期に入ったとみられる。電子書籍のシェア（占有率）は、紙の本を含めた市場全体の二〜三割程度にとどまりそうだ。本が電子書籍に置き換えられ、代替されるというよりは、電子書籍が本を補い、補完する役割を果たすという見通しが強い。

わが国の電子書籍化は米国に比べてよりゆるやかにしか進んでこなかった。電子書籍が全体に占めるシェアは高まってもせいぜい米国程度にとどまり、やはり本を補完するのが主な役どころとなる可能性が大きい。

第五章　本の底力

一　進展するデジタル文明

情報のビッグバンはむしろこれから

私たちを取り巻くデジタル分野の進展は今後、さらに加速していきそうだ。

ソフトバンク・グループ社長の孫正義は自社主催の講演会で、こう強調する（二〇一三・七・二三、二〇一四・七・一五）。

「スマホやパソコンに入っているワンチップマイコンが内蔵するトランジスタの数は、二〇一八年に人間の大脳の細胞数を超える。地球上のあらゆる生命体のなかで人間の大脳は最も優れているが、これらのチップはそれをも凌ぐ機能を持つことになる」。

ワンチップマイコンとは、一片の集積回路にＣＰＵ（中央演算装置）やメモリー（半導体記憶装置）などを詰め込んだ処理装置のことで、身の周りのデジタル機器で数多く使われている。

同氏の言い分はこうだ。

人間の脳細胞はニューロン（神経細胞）が付くか離れるかによって微電流が流れたり止まったりして、記憶したり思考したりする。半導体のトランジスタも同じように付いたり離れたりで電気が流れたり止まったりする。どちらも二進法《バイナリー》であり、理論構成は同じだ。人間の脳細胞は三〇〇億個。これは人類発生以来変わっておらず、これからも増えることはない。一方、ワンチップのトランジスタ数は二〇一八年に脳を超えたあと、「ムーアの法則」に従ってさらに増え続け、二〇四〇年には脳の一〇万倍にあたる三〇〇〇兆個に達する。ワンチップマイコンは人間の大脳をはるかに上回る働きを持つことになる――。

同氏は「情報のビッグバンはむしろこれからやってくる。ｉＰｈｏｎｅがその時にまだあるかどうかわからないが、三〇年後のｉＰｈｏｎｅはいまと同じ値段で一〇〇万倍の能力のＣＰＵを装着することになる。平均して記憶容量は一〇〇万倍、通信速度は三〇〇万倍になる。新聞なら三・五億年、テレビ番組なら三万年、音楽なら五〇〇〇億曲が入るという「スーパー・スマートフォン」時代がやってくる。それにともない、人々の暮らしが劇的に変化するのは間違いない」と、さらに風呂敷を広げる。デジタル文明はむしろこれからが本番だというのである。

米調査会社ＩＤＣは二〇一二年末、「二〇二〇年までに人類が作成したり複製したりして生み出すデータ量は四〇ゼタ（Ｚ）バイトに達する」というビッグデータの予測値を発表した。

二〇一二年に作成、複製されたデジタルデータ量は世界全体で二・八ゼタバイトと推測、データ量は東京オリンピックが開催されるすくなくとも二〇二〇年まで、二年ごとに倍増してこの数字に達するというのだ。

ゼタは一〇の二一乗、一兆ギガにあたる。四〇ゼタバイトは四〇兆ギガバイトということになる。地球上のすべての海辺にある砂粒全量の五七倍に相当する量とされる（http://www.emc.com/about/news/press/2012/20121211-01.htm）。その場合、データ量のうち六割以上を占めるのは新興国であり、それまで主力だった欧米をしのぎ世界のデータ生成の中心になる、と予測する。

「データ量が大幅に増えるのは、タブレット端末が急速に普及する、監視カメラのセンサーの生み出すデータが増える、などの理由から」とＩＤＣでは説明を加える（ウェブマガジン「Tech-on」）。

ビッグデータ

ビッグデータとは、ネットやウェブ、スマホやタブレットなどの普及にともない、その利用につれて生成される大容量のデジタルデータのことだ。ひと固まりで数十テラバイト（テラは一兆）からペタ（一〇〇〇兆）バイト級もある膨大なデジタルデータである。

その中身は「電話の通話記録やウェブへのアクセス履歴、メール、交流サイトの書き込み、各種センサーや無線ＩＣ（集積回路）タグで獲得されたデータ、写真やビデオ、音声データのアーカイブ（保管庫）、果ては病院の診察記録からヒトゲノム分析、動植物の生態調査、天文調査、軍事査察に至るまで」（「日経情報ストラテジー」二〇一一年四月号）の幅広い分野に及ぶ。

巨大データを蓄えるシステムが整い、データベースの検索速度が上がり、分析ツールが充実してきたことが背景にある。クラウドサービスにより、大量のデータや情報のやり取りが迅速に滑らかにおこなわれるようになったことも大きい。

国土交通省は次世代型の「高度道路交通システム」（ＩＴＳ）を築き上げるため、ＩＴＳスポットと呼ばれる通信機器を道路上に設置し、ビッグデータの活用を急ぐ。

ＩＴＳスポットに対応できるカーナビや自動料金収受システム（ＥＴＣ）積載車がそばを通り抜けると、その車の走行経路や急ブレーキがかけられた場所などのデータが瞬時に吸い上げられ、道路管理者のデータセンターに送られる。国や地方自治体は集められたデータを分析して、急ブレーキの多発地点を割り出し、その原因を特定、運転者の見通しを妨げていた植え込みを刈りこんだり、制限速度の道路表示を増やしたりするなどの手を打つ。

これに先がけてビッグデータを分析した埼玉県では、県内で急ブレーキが多くかけられた地点を一六〇カ所ほど選んで安全対策を講じたところ、月間の総ブレーキ数は七割減り、年間の人身事故数も二割減ったという（日経夕刊、二〇一四・七・一一）。国交省は一般道に続いて高速道の渋滞区

10乗数

ヨタバイト	ゼタバイト	エクサバイト	ペタバイト	テラバイト	ギガバイト	メガバイト	キロバイト	バイト
YB	ZB	EB	PB	TB	GB	MB	KB	B
10×24乗	10×21乗	10×18乗	10×15乗	10×12乗	10×9乗	10×6乗	10×3乗	

1YB=1000ZB　1EB=1000PB　1TB=1000GB　1MB=1000KB
1ZB=1000EB　1PB=1000TB　1GB=1000MB　1KB=1000B

1,000,000,000,000,000,000,000,000

間についても分析し、ビッグデータの活用をはかる方針だ。

「プロファイリング」という犯罪捜査の手法がある。

犯罪捜査で犯罪の性質や特徴を洗い出し、行動科学的に分析、犯人の性格や特徴を推理、調査の進行に役立てることだ。

米トマス・ハリスのサスペンス小説『羊たちの沈黙』のなかでこの手法が描かれ、話題をよんだ。若い女性の連続誘拐殺人事件を追うＦＢＩ（米連邦捜査局）訓練生クラリスは「犯罪者のことは犯罪者に」と、収監中の猟奇連続殺人犯の元精神科医レクター博士に話を聞きに行く。小説は監督ジョナサン・デミにより映画化され、クラリス役にジョディ・フォスター、レクター博士にアンソニー・ホプキンスが起用され、作品賞、監督賞、脚色賞、主演男優・女優賞など、おもだった部門のアカデミー賞を総なめにした。

ビッグデータの時代に入ってプロファイリングには統計的な手法が持ち込まれ、「統計的プロファイリング」として犯罪捜査に新たに一役買うようになった。ビッグデータを使って犯人の属性（性別、年齢、国籍、職業、学歴、犯罪歴など）、犯行時の行動（犯行時間帯、犯行場所、犯行の手口、犯行の動機など）のデータや情報を統計解析し、犯罪の類型や特徴などを抽出、犯人割り出しに役立つ情報やヒントを得たり、別の新しい犯罪が起きないように防犯措置を強化したりする。

「うまいすしを、腹一杯。うまいすしで、心もいっぱい」をうたい文句に掲げる回転ずしチェーン・あきんどスシローでは、皿にＩＣタグを取り付けることで回転ずしの動きを掌握し、一定の距離以上を回ったすしは自動的に廃棄することで鮮度を保っている。

システムが来店客の人数や組合わせ、着席してからの時間などをもとに、客の食欲を自動的に判断、店員はそれを参考にしながら、客の食欲が盛んな初めのうちは売れ筋のすしネタをたくさん用意するが、そのうち少しずつ減らしていき、終わりの方でデザートを出すといったやり方を工夫している。客の様子に気配りしながら品を出す板前のやり方や振舞いを、ビッグデータで可視化したり標準化したりして、全国チェーン店の店舗運営に役立てているという（ウェブジン「日経BizGate」二〇一三・一〇・一六）。

暮らしのなかでビッグデータが様々のかたちで身近になってきている。

二　浮上する本の三つの特質

スマホやタブレットによるＩＴの一般化、ビッグデータによるＩＴの深化、利便性の向上――デジタル文明が今後も一段と広く、深く、進行していくのは間違いないようだ。

それだけに先に取り上げたモノやサービスのコモディティ（日用品）化や均質化、画一化、電子情報端末による情報の浅薄化、そしてパーソナル化により利用者に好都合な結果だけが提供される情報・サービスの偏りなどの懸念は、さらに広まり強まるだろう。その埒外《らち》に立ったり、そこから逃れたりするのはまず困難ということになる。

どう対応し、工夫をこらし、自らの「文化」を確保し続けていくか。

このようなネットやウェブなどのデジタル環境を踏まえたとき、紙の本の存在があらためて浮かび上がってくる。その特性、本領、底力とはどんなものか。

三つある。

一つめは、形や重みがあり一定の秩序のもとで自己完結している「本」という存在それ自体が、データや情報が増大、拡散するデジタル時代、ウェブ時代にあっては一種のアンカー（錨《いかり》）としてとりわけ意味のある存在であること。

二つめは、本を手にとって読むことが「脳」の働きを活発にし、手の「皮膚」感覚にもよい刺激を与える、そしてそのようにして読書で得られた脳の充実感や皮膚の快感という印象は、本人の精神や身体にいつまでも快い記憶として残り続けること。

三つめは、本に没頭し本と一体になる読書の行為というのは、あわただしいデジタル化の流れのなかで、自分をもう一度見つめ直し自己をとらえ直すのに有効な手段であり、誰もが手軽に取り組める黙想や瞑想方法でもあること、

——だ。

三　本には形があり、重みがあり、内容を含めて一定の秩序のもとに自己完結

「スマホのワンチップマイコンの能力が人間の脳の能力を超えるようになる」と唱える孫正義の発言や、「人類が作成し複製するデータ量は地球上のすべての海辺にある砂粒の数十倍に達するようになる」とのＩＤＣの予測は、多少の遅れやぶれがあっても、いずれおおむねその通りとなる可能性が大きい。

問われるデータ、情報の中身

もっともその増大するデータや情報の中身といえば、ＩＤＣ自身が補足するように、「監視カメラのセンサーが捕らえる映像データ」などが大量に含まれる。防犯や交通取締まりなどのため、監視カメラは住宅や事務所、路上などでふんだんに使われるようになった。しかも先進国、途上国を問わず全世界どこででも使用されている。監視カメラなどの動画像で使われるデータ量は、静止画

像やテキストデータに比べれば、桁違いに大きい。

ネットやウェブでは、その操作や操作内容の記録、データが送受信された日時やその中身の通信記録といった「ログ」と呼ばれる一連の膨大なデータも日々生成される。

データ量の増大ということでいえば、eメールの場合、広告や売り込みのメールが多数舞い込んできて、利用者は見出しをちょっと見しただけで片っぱしから削除してしまうような場合も多い。たとえそのeメールの差出人を迷惑リストに載せたとしても、別の売り込みメールが後から後から押し寄せてくる。そのために肝心の大切なメールが埋没してしまい、結局は見逃してしまったりすることさえある。

メールのやり取りでは、例えば返信するときに、先方から送られてきた内容をそのまま付けて送り返す。それを、さらに先方がまたすべてを付け送り返してきたりする。最初のメールから始まり、そのRe：メール、その次のやり取りのメールとそのRe：メールといった具合に、金魚の糞《ふん》のように長くつながることもしばしばだ。新しく付け加えられたメール部分はほんの数KB（キロバイト）に過ぎないが、不必要な「糞」部分がついていて数十KBに達したりもする。メールの宛て先にしても、差出人が自身で安心したり、なにかあった時に備えたりする「保険」目的で送りつけるCCメールやBCCメールがしばしば舞い込んでくる。これらもふくれ上がるデータの一部を構成する。

こんなこともある。

ＪＲやＪＡＬ、財団理事長、私立大教授、などで活躍した著者の高校時代の友人がいた。ガンを患って他界し、三回忌を迎える。本人が亡くなる二か月半ほど前、自著を上梓した祝いの出版記念会が催された。その集まりの挨拶のなかで、壇上、本人自身の口から参会者一同に「ガンを患っている」と告げた。出版記念会というよりは、覚悟を固めた別れの儀式の場だった。散会にあたり椅子に腰かけステッキを手にした友人と握手を交わしたのが、最後となった。

その死後一年ほど経ったときに、ウェブでたまたま、友人が永眠する直前まで書き続けていたブログが、そのまま「生き続けている」のを知った。もちろんブログの新たな入力や更新はとうに終わっている。ブログを見て、懐かしく思うと同時に、いささか困惑した。本人が生きていたら、当の本人が永眠した後も「生前の遺物」としてブログがそのまま更新されることもなくひっそりこの世に残されていることに、どんな感慨を抱くだろうか。

同じようなことはフェイスブックでも見受けられる。

フェイスブック上の「友達」のひとりでもある知人が急逝した。四九日の法事が過ぎたころ、これもウェブを覗いていてたまたま、亡くなった本人がフェイスブック上は生前となにひとつ変わらない形でウェブで「生き続けている」ことを知った。やはり追慕の気持ちはひとしお。しかし、どちらかといえば、やりきれない気持ちの方が強かった。フェイスブックの画面には、「友達を紹介」

などと並んで「友達から削除」のアイコンがある。割り切れない気持ちのまま、瞑目し、アイコン「友達から削除」をクリックした。

このような例は、もはや珍しくない、とルポライターの古田雄介は書く。

「インターネット上には、書き手が亡くなった瞬間で止まっているブログやホームページ、SNSのページが無数に漂っている。インターネットが世間に普及して約二〇年。その間にこの世を去った日本人は約二〇〇〇万に及ぶ。……なぜ、亡くなった人の言葉や痕跡が何年も変わらずに残り続けるのか。……「わざわざ消す人がいないから」。これに尽きる。……ネットに残した痕跡は、……永久に残り続ける可能性がある」（反ウェブ論「死んでからも残り続ける「生の痕跡」」「新潮45」二〇一三年六月号）。

もちろん増え続けるデータや情報の多くは、必須で欠かせないもの、これまで取り出すのが困難だったデータで採取が可能になったものなど、と想定される。

だが、特定の一部の有用なデータ以外はあまり意味を持たない監視カメラやセンサーの諸情報、迷惑な売り込みメール、乱発されがちなCC、BCCメール、それまでの履歴をしっぽにつけた往復メール、まさにデッドストック（死蔵）となっているブログやSNS等々、その質や中身について吟味されて然るべきものが多く含まれるのは確かだ。

まさに「糞《くそ》も味噌《みそ》も一緒」という状態だ。

甦る「古典」

このような無秩序や乱雑さといった状況は、量が増大するにつれて今後さらに広がり強まる可能性が大きい。

熱力学上の法則に「エントロピーの法則」というのがある。エントロピーとは、手っ取り早くいえば乱雑さや無秩序の度合いのことだ。固体の場合、それを構成する分子は位置が固定されるからエントロピー、つまり乱雑度は低い。その固体が加熱により液化・気化して液体や気体になり、分子がそれぞれ自由に動けるようになると、エントロピーは増大する。

たとえば、ここに紅茶とミルクがあるとする。紅茶にミルクを垂らしてかき混ぜると、ミルクは紅茶全体に拡散しミルクティとなる。紅茶のなかにいったん広がったミルクが再び戻ってきて、元のようにミルクだけが一か所に集まるという現象はふつう起きない。

部屋のなかをいったん片づけても、いつの間にやら散らかってくる。そのままにしておくと、まさに手がつけられない無秩序で乱雑極まりない状態に陥る。

自然界ではこのように、一定の系のなかでは、もともと別々にはっきり分かれていたものが入り交じってより乱雑に、秩序のあるものはより無秩序に、つまりエントロピーが増大する方向に進む傾向がある。その方向は一方通行であり、不可逆だ。「エントロピーの法則」と呼ばれるものである。

もちろんこの法則は基本的には熱力学上のものであり、系が閉ざされている限りは、という前提もある。データや情報の世界にそのまま適用できるというものではないだろうが、考え方のうえで参考になる。

データや情報が今後増えれば増えるほど、乱雑さや無秩序の度合いもどんどん拡大していく、という状況に直面して、「本」が固さや重さを持つ物理的な有形の存在である、というごく当たり前のことが新たに意味をもってくる。

しかも大事なのは、ただ固さや重さがある道端に転がった石ころのようなものではない、ということだ。本は表紙から始まって目次があり、本文の内容が一頁から順に並んで完結し、最後に裏表紙がくるという、エントロピーに逆行するきわめて秩序だった物理的な存在である。

さらに大事なのは、私たちの思考や感情、人びとの暮らし、歴史、天然、自然、など森羅万象のあらゆるものやこと、世に訴えたいこと、知ってほしいことを、人類が発明した文字により著者と編集者の共同作業のもと、一冊にまとめられた果実が紙の本である。そこには、書き手や編集者の知識や経験、ものの見方、感じ方、人生観、未来への展望などがぎっしり凝縮され詰め込まれている。

本が重いのはなにも紙の目方だけではない。一種の錨の役割をも果たす重さである。

「(本を) 書く作業というのは孤独だ」として、作家の北方謙三はこう述懐する。

「表現というのは孤独を内包した行為で、読む行為も孤独。孤独と孤独が感応して一対一の関係がうまれるんじゃないか」（読売　二〇一四・五・一九）。

運ぶには持っていかなければならず、中身を見るには指で一ページ一ページめくりながら目で追いかけなければならない。

だがデータや情報が氾濫するネットやウェブの時代にあって、形があり、重さがあり、一定の順序に沿って展開されるという、よくいえば秩序、わるくいえば制約、厄介さを伴うのが本であり、まずそこにこそ本の特性や本質がある。

いわゆる「古典」も、ネット・ウェブ時代には別の輝きを持つ。

「昔書かれて、いまも読み継がれる書物。いつの世にも読まれるべき価値や評価の高い書物」といったところが、古典についての辞書的な意味だ。想像できないほど古くから、広い範囲にわたって無数の人びとの厳しい目にさらされながら、なお古典の座に納まり続けるというのは、極めてむずかしいことである。

人類が作成、複製するデータ量は近い将来、地球上の海辺にあるすべての砂粒の数十倍に達するだろう、というＩＤＣの見通しに則していえば、膨大な量の砂粒のようなデータや情報のなかに埋没しそうになりながらも、有形で重みのある確かな存在、そして歴史により長い間かかって磨き上げられた宝石のような稀有な存在――それが古典だ。

無数のデータや情報が乱雑さや無秩序を加速させるといった状況にあって、それらのデータや情報の多くはいずれ、塵芥《ちりあくた》のように姿を消し、雲散霧消してしまうのだろう。古典はそうしたなかのゆるぎない確固とした存在なのである。

著者の思考や意向のもとに、データや情報が一定の形式や秩序を踏まえて整然と並べられた有形の本は、無数の一般のデータや情報が入り交じって無秩序化し乱雑化しようとする不可逆の流れに逆らい、あくまでも自分の持ち場や存在を堅固に主張し続ける。増大する一方のデータや情報に対峙する古典のような存在は、電子書籍と本が将来、互いにどう棲み分けていくかのポイントにもなる。

「増淵式読解法」

これに関連して「増淵式読解法」を紹介したい。

増淵式を主導したのは増淵恒吉・専修大学名誉教授（～一九八六）だ。東大国文科を卒業後、東京府立五中（のちの小石川高校）、東京都立日比谷高校などで教鞭をとったあと、東京都教育主事などを歴任した。同氏は国語学習では「文章の内容を正しく読み取る」「文章を主体的に読む」のが大切であり、とりわけ「文章の内容を正しく把握する」ために「文章の内容を大づかみに把握する」能力は、日頃の読書で最も大切であるとして、その指導に力を入れてきた。国語学習についての著作もたくさんある。著者は幸いにも高校時代、国語を担任していた同氏の謦咳《けいがい》に接することができた。

同氏の国語の授業で印象に残っているのは、教科書や副読本、雑誌、単行本に載っているさまざまのテキストや論文、随筆などを教材に、「もっとも重要と思われる箇所の三行を選び、傍線を引くように」という指導法であり、教室の指導もなかなか厳しかった。短い文章ならいざ知らず、長編の論文や随筆、ときには単行本まる一冊分にあたる内容の「ポイントの三行を示せ」と言われても、なかなかすぐに考えがまとまるものではない。苦吟する。だがこの「三行傍線」方式は、本質は何か、どのように本質をとらえるか、などを考えるのに有用であり、その後の勉強や仕事でも役に立った。

もちろん最近では、電子書籍端末キンドルなどでも、本文に印をつけたりコメントを書き込んだりする機能も備わっている。だがたくさんの文章のなかから三行を選び出すには、タッチパネルでディスプレイを操作するよりも、紙のページをパラパラ自在にめくりながら前に飛び後ろに戻って作業する方がずっと勝手がよい。

強調したいのは、データや情報が一定の形式や秩序のもと整然と並べられた有形の本の中身をさらに収束させ、その内容を三行に集約するという取り組みである。

とかく無数のデータや情報が混然一体となって押し寄せ、無秩序化、乱雑さをさらに広げ大きくするおそれの強いのがネット・ウェブ時代の一般状況だ。そのなかにあって、まるで逆に、数多くのデータや情報のなかからいらないものを排除し、必要なものだけをごく一部精選し、形ある一冊の本に集成・収束させ、さらにはその内容をわずか三行に集約するという試みは、いまのような状況下でまた別の意義がある。

四 「脳」をつくる読書、本を読み取る「皮膚」

次に、まったく違う観点から本の底力や特性を見てみよう。

「紙の本」になぜこだわるのか。その理由の一端を最先端の脳医科学、言語学が指し示してくれる。

読書が脳をつくる

言語や創造能力の解明に取り組む言語脳科学専攻の酒井邦嘉・東京大学大学院教授は、シンポジウム「活字の力——若者にも伝えたい」(前掲)のパネラーとして登壇し、「酒井流・自分を磨くヒント」をじゅんじゅんともの静かに説いた。

「自分を磨くには、興味を広げることが大切だ。さらに興味のあるものについて想像力や思考力を強めることが必要だ。そのためには紙の本や新聞を読んでじっくり考えるのがよい。オンラインや電子書籍の場合、クリックひとつで違う画面や別のサイトに飛んだりすると、気が散り思考が途切れてしまう。しかし、目の前に本や雑誌・新聞の誌紙面が存在すれば、脳（目）はそこを舞台にあちこち勝手に動き回ってこれはという情報を見つけたり、その情報がどれほど重要かを判断したりする」。

「本の場合、判型、厚さ、などのフォーマット、紙の手触りなどの質感とも一体になって、その本を読んだという記憶が脳にしっかり残る。それらを度外視して、ただ活字の電子化を進めても問題は残る」。

活字や音声、映像がひとの脳に取り込まれる場合、入力の情報量は「活字↓音声↓映像」の順で増えていく。それだけに、脳が想像力で補わなければならない情報量はこれとは逆の順で「映像↓音声↓活字」と増える。……入力される情報が少なければ少ないほど、想像力で補われる部分が大きくなる。……「本を読む」ということは、視覚としてその内容をそのまま脳に入力するのではない。脳がまずあいまいなところを明確にし、足りないところを想像力で補いながら、「自分のことば」に置き換え入力していくプロセスなのである。それは、人間だけに与えられた驚くべき脳の能力に支えられている――。

それ自体情報量の多くない紙の本の活字を読む場合は、ネット上の情報を画面から読み取るのとは大きな違いがあり、読み手は自ら脳の想像力をフルに働かせ、「自分の言葉」に置き直して脳に取り込んでいかなければならない——というのである。しかも読み返すごとに、本からは幾通りもの新しい意味やそれまでとは違う解釈を見出すことができる。

脳科学や言語学の立場からも「本を読む」効用というのはまちがいなくある。

皮膚が本を読み取る

最近の医学の進歩は、脳だけではなく、皮膚と「紙の本」の間にも強い結びつきがあることを明らかにする。

「皮膚は第三の脳である」——こう唱えるのは傳田光洋・資生堂主幹研究員。

皮膚の役割はこれまで、体内の水分を蒸発させない容れものであり、外からの異物を入れないための防御壁であり、侵入する病菌を迎え撃つ免疫システムである、とされていた。だがたたみ一畳ほどの面積で、三キログラムほどの皮膚が、人や世界とのつながりを作っていくうえで、思いもよらぬ働きをもっていることが最近の研究で明らかになってきたという。

脳の役割のひとつに、身体の各部位から信号を受け、それに対してさまざまなホルモンを分泌して体の調子を整える働きがある。皮膚は表皮そのものがセンサーだが、そのセンサーシステムに加えて脳のような「情報処理システム」の働きも持っているのではないか、というのである(「見えてきた!「第三の脳」の判断力」「日経ビジネスオンライン」二〇〇九・二・一九)。

五感がもたらすさまざまの刺激のうち、皮膚感覚ほど個々の快・不快を惹き起こすものはない。また自他を区別するだけではなく、自己や外部の世界を認識する機能も果たしている。情報を認識し処理する能力において皮膚感覚は神経系や消化器系に勝るとも劣らぬ潜在能力を持っており、皮膚を「第三の脳」と位置づけたい(『皮膚感覚と人間のこころ』)——同氏はこう強調する。

身体心理学専攻の山口創・桜美林大准教授も次のように唱える。

私たちの皮膚は身体で最も大きな感覚器官である。これは皮膚の触覚の受容器が多いからで、とりわけ手、さらに指は触覚の受容器の密度が高く、触れるものの表面のツルツル、ベトベトといった特徴を正確にとらえる。指紋も感度を増幅させるのに役立つ。全身の触覚をつかさどる脳のシステム(大脳皮質の体性感覚野)のなかでは手に関係する面積が際立って大きく、手が心(脳)に与える影響は大きい。

日本人は世界的にも触覚に鋭敏な民族だ。日本語にはツルツル、ネバネバといった触覚に関するオノマトペ(擬態語)が世界でも珍しいほどたくさんある。さらに伝統的に日本人は和服の着心地である風合いを求めたり、和食は味だけでなく快適な食感も重視したりする。他者の心情を気遣う繊細な日本人の性格というのは、日々の生活のなかで敏感な触覚が作り出したものかもしれない

（『手の治癒力』ほか）。

先の敗戦からまだそう日も経っていないころ、世の中には仙花紙と呼ばれる代物があった。古紙や屑紙などを漉き直してつくられた粗悪な再生紙、それが仙花紙である。戦後の物資不足のもと、新聞や雑誌、書籍などの印刷用紙は国によって統制され配給されていた。が、娯楽用の出版物はなから割り当てが受けられず、統制外の仙花紙がよく使われた。手に持つとカサコソ、ザラザラしている。ところどころまだらであったり、小さく隙間があいていたりする。チリ紙としても使われており、鼻をかむ前などに眺めてみると、古紙のときに印刷された文字の一部が仙花紙にそのまま残っていたりした。

岡っ引き銭形平次の生みの親で、「あらえびす」のレコード評論でも知られる作家野村胡堂が書いた『悪魔の王城』という少年向け探偵小説がある。愛育社から当時、「野村胡堂・冒険小説名作選」シリーズの一冊として発行されていた。挿画はかの椛島《かばしま》勝一だ。

その仙花紙の一巻がなぜかいまでも、手元に残っている。仙花紙の表はまだしも、裏は凸凹している。だから表もそうだが、とりわけ裏となると、何が印刷されているのかほとんど字を読み取るのがむずかしいほどだ。挿絵にいたっては、名手椛島勝一の折角のペン画も、全体がほとんど黒一色で、濃淡はわかるものの何の形なのか輪郭さえおぼつかない。それでも仲間同士みんなでたらい回しにしてむさぼり読んだ。

雑誌では仙花紙を使ったカストリ雑誌があった。内容は性や性風俗、猟奇や犯罪のエロ・グロもの、太平洋戦争の戦記ものなどが多かった。酒粕からつくった「カストリ」という焼酎まがいの酒が当時あった。アルコール度がけっこう高くて、「三合も飲めば（飲み）つぶれてしまう」とされ、「三号で（後が続かず）つぶれてしまう」ような怪しげな雑誌の総称として、「カストリ雑誌」が使われた。

そのひとつに「夫婦生活」というのがあった。誌面デザインや挿画などもけっこう念入りにつくられていて、美人画家志村立美の描いた湯上り姿の女の絵などが載っていた。当時、よくわからないままに仙花紙のページをドキドキしながらめくって、なにやら見てはいけないいまばゆい世界を間違って覗き込んだような気分になったりした。いまでもまれに、東京古書会館の定期古本市や東京・神保町の古書店などで出品され、棚に並んでいたりすることがある。思わず手を伸ばせば、仙花紙のガサガサした手触りとともに、往時の記憶が甦ってくる。

「紙の本」を手に取って読むことは、読み手の「脳」の活動を高め、手の「皮膚」感覚にもしっかりした印象を残す――「仮想現実」に満ちあふれた現代のデジタル生活のなかで、現実感をもって本を読める意味はもっと見直されてよい。

それは「文明」とはまた異なる「文化」としての本の本領や底力の一面である。

読書と「脳」「皮膚」

私たちが読書するとき、「脳」は目にしたばかりの紙の本がもたらした新しい叙述や情報を、縦横無尽に過去の記憶や事実に引き比べて矛盾や間違いはないか、めまぐるしく確認し得心し、脳のなかのどこにどう位置づけ格納するのか、決めていく。と同時に、手の掌《たなごころ》や指先は、ほんのわずかの感触をも決して取り逃すまいと、「皮膚」感覚を精一杯働かせ、読む本を手に受ける。

これまでに取り上げてきた発言や記述してきた内容を振り返ると、実はこのような「脳」や「皮膚」の働きと密接にかかわっていることが明らかだ。

〈読書と脳〉

・「情報量の圧倒的な増加、そしてその発信、受信の可能性の拡大、スピードアップに対してわれわれは急速に過去の身体感覚を失いつつある」(室井尚〈第二章二〉)

・「(iPadやキンドル、スマホによる)デジタル革命が本の読み方を変えつつある。これまでのあくまでも文字中心だった読書が視聴覚中心に、ひたすら集中し深く本を読んでいたのが拡散して一方向から双方向に、論理認識としての読書体験が印象イメージとして眺めるだけの読書へ、という変化である。読書はこれまで、本のテキストとやり取りすることで読み手の思惟や認識を深めるというものだった。が、いまやそれがハイパーテキストの画面をただ感覚的に眺める

だけの読書へと変わってきた」（尹世珉）（第二章二）

・「出版の本質は、「深く読む」文化を広く長く世に伝えることにある」（任火）（第二章二）

・「子どもの頃に本をたくさん読んだ成人ほど、「社会性」「市民性」「文化的な作法・教養」「自己肯定」「意欲・関心」「未来志向」などの面で、現在の意識や能力が高い」（国立青少年教育振興機構）（第二章三）

〈読書と皮膚感覚〉

・「たとえば少年のころ、お小遣いをにぎりしめてはじめて本屋に行って、欲しかった本、読みたかった本を買い求めたときの、あのささやかだが何とも形容できない感覚がある。……物語の世界に、科学の世界に導きいれてくれることの約束が、《書物》という物体の姿と手触りとして、いま自分の手の中にあるという、ほとんどエロチックとさえ言える喜びである」（清水徹）（第四章二）

・「私は本が好き。紙そのものに魅力がある。なかを読むのはもちろん、紙の手触りから匂いにいたるまで、視覚、触覚、聴覚、人間のあらゆる感覚を刺激する。表紙、背表紙、扉、見返しの色使い、活字の組み方。……本を持つことは何ものにも代えがたい喜びだ」（松本侑子）（第四章二）

・「我々が本を読むといふのもその本を手に取ることであり、それを開けることであり、その紙質

や活字の恰好が目に入って来ることであって、さういふこともその本の内容になる」（吉田健一）
（第四章二）

これらからは、紙の本を読むことにより脳の働きが高められ、皮膚が一種の快感をおぼえるという事実があらためて浮かび上がってくる。

「紙の本」と「電子書籍」を使った実験調査結果が注目を集めている。ノルウェー・スタヴァンゲル、仏エクス＝マルセイユ両大学の合同調査による。

実験では学部学生五〇人を二つのグループに分け、米女流ミステリー作家エリザベス・ジョージの短編小説を読ませた。仏訳された二八ページほどの小編だ。半分の二五人にペーパーバック、残りの半分に電子書籍端末キンドルＤＸが与えられ、まったく同じ内容のものが提供された。

読後、それぞれに質問したところ、両グループの間で登場人物や背景、細部などについては答えにほとんど開きがなかった。が、小説のなかでその出来事がいつ起きたのか、一四ほどの出来事が生じた順番はどうだったかについて聞いたところ、キンドル・グループはペーパーバック・グループに比べ断然間違いが多く、正答率が低かった。

調査を指導したスタヴァンゲル大学のアンネ・マンゲン教授は、「時間や時間の推移にかかわりがある問題について、キンドル・グループの正解が少なかったのは興味深い。ペーパーバック・グループは手中の本の重みや手触りによって、読み終わったページとこれから読むページが把握できることなどから、（読み進める物語の出来事の順番と関連づけることができ）正答率が高かったのではないか」とコメントしている（英「ガーディアン」二〇一四・八・一〇、米「ニューヨーク・タイムズ国際版」二〇一四・八・一三）。

この実験調査結果だけから結論を急ぐことはできないが、電子書籍と対峙させることによってはじめて（あるいはさらに）物理的な存在としての本の特質があらためて浮上してきた格好である。

五　本に「没頭」し、本と一体になる

本を読むことで、本に「没頭」し、本と一体になる。

身の周りのこまごました出来事や目や耳に入ってくる様々の刺激によってとかく注意が散漫になりかねない日常にあって、しばしそこから離れ、本と差し向かいになって、自分の時空を作り上げる――そのこと自体がふだんの平凡な生活の流れにあえて逆らい、左右に流れを分けさせ、渦を生じさせる行為なのだ。

本の物語の主人公が赴くまま「寒嵐《かんらん》むせぶシベリア」や「瘴煙《しょうえん》こむる南洋」に身を置いてともにその風物に目を驚かし、その主人公と喜怒哀楽をともにして手に汗を握る、あるいは政治や社会問

題をめぐって甲論乙駁の議論が飛び交うなか、手中の本のなかに首肯せざるを得ない卓説や一頭地を抜く先見に出会い、思わず膝を打つ、言い表わそうにもなかなかうまく言い切れなかったことに、明快な表現が与えられようやく吹っ切れた気になる、ふだんは見逃してしまいがちな人の繊細な心の動きやなにげない動作の描写に、目を見開かされる、等々――。

一心不乱に、ただ読みふける。我《われ》を忘れる。静かにゆっくり、時間だけが流れていく。没頭して本を読むということは、まさに没我、つまり本のなかで自分を失うことであり、本と一体化することである。

俳句の世界では、「われ・いま・ここ」の境地から一刹那をとらえ、句を作るとされる。常にその一瞬一瞬を精いっぱい生き、その瞬間の自然や自然のなかの自分を詠み一七文字のなかに収めるのだ。

読書をするということは、本に集中し没頭すること、そして本と一体になって読むことにより、「われ・いま・ここ」をあらためてとらえ直す行為なのである。それはその気になりさえすれば、いつでもどこでもできる一種の手軽な黙想法、瞑想法でもある。

そこに誘《いざな》うだけの真価や底力が本にはあるということだ。

没入の効能

本に「没頭」し、本と「一体化」するという言い回しは、昭和時代の哲学者・教育者で神戸大学教授であった塩尻公明が唱えた「没入」を思い起こさせる。

塩尻は「没入の効能」について次のように説いた。

没入することの第一の効能は、それが真の経験を作るということにつながる。没入せず散漫で分裂した意識のもとでの経験は、ゼロまたはからっぽの経験である。第二は量的あるいは能率的な観点からみた効能だ。「二兎を追うものは一兎をも得ず」で、食事のときは食事三昧に、音楽を聴くときは音楽三昧に、睡眠のときは睡眠三昧に、対話のときは対話三昧にということが、結局は最も有効に人生を過ごすということになる。第三は、難問題をいたずらに思索し懐疑していつまでも未経験のままでいるよりも、たとえ取るべき途を誤って価値のより低いものを選んだとしても、真実の経験としてそれを生かす方がはるかに勝っていることを実感をもって感じ取れる。没入こそが懐疑を打ち切る冴えを見せてくれる。

第四は、没入が焦燥に対するまたとない鎮静剤であるということだ。あらゆる瞬間に「今死なんとする男の如く、また恋する女の如くに」（メーテルリンク）生きねばならないが、私たちのような平凡な人間にとっては真に現在に生きることは、没入の方法によってのみ可能となる。

第五に一貫する生活原理を持たない者には、あらためてそれが与えられる——。

そして同氏はさらに「生き甲斐は、苦痛と格闘した結果生み出されるものではなく、格闘に没入することのなかにある。学問的業績に生き甲斐があるのではなく、学問に没入する味わいそのものに生き甲斐がある。懐疑に悩まされるときには、あくまでも懐疑に没入することによってそれを通過しよう。没入しないことだけが悪いのだ。いまのこの環境が悪いのではない。自分の没入しないことだけが悪いのだ」――と「没入」すること、「一行三昧」の大切なことを強調する（『天分と愛情の問題』）。

塩尻は求道者としても知られ、自らの修業を通じて多くの人生論や宗教論を書いた。同氏が唱える「没入」や「一行三昧」の背後には、武士の死生観があるとみられる。

「武士たらんものは正月元日の朝雑煮の餅を祝ふとて箸を取初るより其年の大晦日の夕に至る迄日々夜々死を常に心にあつるを以（て）本位の第一とは仕るにて候」と江戸時代の武士・兵学家であった大道寺友山は『武道初心集』の冒頭に記した。

人の命は夕べの露、明日の霜になぞらえられ、はかないものだとされるが、ことさらそうなのが武士の命なのだ。今日はあるが明日はわからぬ身命という覚悟のもと、主君にも今日が奉公のし納めであり、親に仕えるのも今日が最後だと思い、仕えよ、と説く。

気のゆるみから、朋輩同士の口論の果てに刃傷沙汰になったり、物見遊山の人混みのなかで喧嘩沙汰を呼び込んだりして切腹、といった不慮の事態を招くことだってあり得る、というのだ。

太平の世のようだが、江戸時代にあって刃傷沙汰というのはけっこうよく起きたらしい。森鷗外に「ぢいさんばあさん」という小篇がある。

国立劇場で催された「歌舞伎鑑賞教室」（二〇一四年六月）で、この鷗外原作、宇野信夫作・演出の「ぢいさんばあさん」が上演された。中村橋之助が伊織役、中村扇雀がるん役を務め、好評を博した。あらすじは次の通りである。

江戸城の警護や見回り役を務める美濃部伊織とその妻るんは評判のおしどり夫婦で、仲睦まじかった。だが伊織はるんの弟の身代わりで京に単身赴任となる。三か月後、思わぬことから堪忍袋の緒を切らした伊織は、同輩を斬り殺してしまい、死一等は免じられたものの、越前（現福井県）に預かりの身となる。離ればなれとなった伊織とるんが再会を果たしたのは、それから三七年後のことであった。長い空白の歳月のあと、再び江戸で暮らす白髪の翁媼《おうおん》（じいさんばあさん）の仲の好さは無類であった――。

いかなる場合であれ、武士たるもの四六時中、一年中、一瞬たりとも「死」を忘れない心掛けが肝要だ、と唱える友山のことばには、このような幾つかの実際の出来事に裏打ちされた切実さがこもっている。

日頃の暮らしのなかや本を読むときでも一瞬一瞬、集中し没頭することが大切と唱える塩尻の「没入」や「一行三昧」と裏表の関係にある。

もともと本を読むのは読みたいから読むのであって、読む「効用」や「効能」をねらって読むというものではない。が、結果として、本を読むことにより情報や知識、情緒などの求めていたものを入手するだけにとどまらず、本と一体になり没入することにより「忘我」の境地にひたり、充実した時を過ごせるのは有り難い効用だ。

そのような没入のなかにこそ、生きる一瞬一瞬があり、没入に至らしめる本の底力がある。

本を読むことが物理的にも心身にいい意味の刺激を与える。本と一体になり、没入する読書は、「視聴覚」から「文字」へ、「感覚」から「思索」へ、「拡散」から「深化」へ——という流れを一気に取り戻す手助けとなる。

と同時に、この読書という黙想法は、コモディティ化され均質化されたiPadやスマホの「文明」の世界からしばし離脱し、SNS疲れのソーシャルデトックスを実現したり「見当識」を回復させたりするのに、またとない良薬となる。

乱読の効用

パーソナル化により「都合のいい情報」や「気に入りそうな情報」が機械的に一方から押しつけられ提供されるという歪みを少しでも解消し補正するには、読者や利用者は自ら能動的に動くほかない。

ひとつの勧めが、「本への没入」とともに、ともかく本をたくさん（決して速くというのではなく）読むこと、つまり多読・乱読である。自分の仕事や勉強にはまったく関係のない分野の本も読む。自分とは縁もゆかりもなさそうだと思って手に取った本に、思わぬ出会いのあることがある。予期していなかっただけに、そこでの思いがけない発見はふだんならなかなか見つけられない掘り出しものであることがしばしばある。

『思考の整理学』などの著作で知られるお茶の水女子大学名誉教授の外山滋比古は「読書とは実は自分との出会いなのだ」と力説する（「東京国際ブックフェア」セミナー、有明・東京ビッグサイト、二〇一三・七・五）。

同氏の場合、本を多く読むことによってはじめて、「ああ実は自分はこういうことを考えていたのだ、こういうことを目指していたのだ」と自分の気持ちや潜在的な感情に気づくようになり、ようやく五〇歳を過ぎたころから、乱読を続けるなかで本との出会いによるセレンディピティ（五三頁参照）を見つけられるようになったという。

そのような「乱読のセレンディピティ」ばかりは、携帯やネットに期待できないことであり、本の乱読を重ねてはじめて獲得できることだと説く。

古市憲寿（社会学者）も「できるだけたくさんの本を読んではじめて、よい出会いがある。偶然やそれがもたらすセレンディピティを期待するなら、まずその母数を増やすことを考えなければならない」と明言する（前掲シンポジウム「若い力」）。

第六章　読書の周辺

書店めぐり

クリックひとつでアマゾンから本を取り寄せるのもいいが、ネットだけに依存せず書店に自ら足を運び、買いたい本や気になる本を直に手に取ってみよう。

わたしはその頃、アルバイトの帰りなど、よく古本屋に寄った。そして、漠然と目についた本を手にとって時間を過ごした。ある時は背表紙だけを眺めながら、三十分、一時間と立ち尽くした。そういう時、私は題名を読むよりは、むしろ、変色した紙や色あせた文字、手ずれやしみ、あるいはその本の持つ陰影といったもの、を見ていたのだった。

それは無意味な時間潰しであった。しかし、私たちのすることで、何か時間潰し以外のことがあるだろうか。それに、私は私なりに愛書家でもあったのだ。

柴田翔は芥川賞受賞作『されどわれらが日々――』をこのように書き始める。

> 国分寺書店の中はいつものように客はまばらだった。
> もう、この店のオソロシサや使用上の注意といったものをすっかり呑みこんでいる、といったかんじのおとなしそうな女子大生ふうが二人、詩や評論の棚のところにとりついて静かに拾い読みしているそばを、おれはよっこらしょ、とダンボールをかかえながら通過し、オババの待つカウンターの上にドサリとその大きな箱をのせた。
> オババはカウンターの奥にすわって小さなノートを何冊もひろげ、なにやら熱心に調べものをしているところだった。

『さらば国分寺書店のオババ』で椎名誠は東京・国分寺の古書店をこう描出した。

ともにうす暗く本の饐《す》えた匂いがたゆとう東京近郊の古書店の雰囲気をよく伝えている。

> 外のプラタナスの街路樹越しに差し込む夕暮れの日が店の硝子戸を通り抜けて、斜めに床に落ちる。
> ゼリーのような薄赤い柱状の光のなかには、見えるともない塵が幾つか浮き沈みしながら

漂っている。

薄くワックスがかけられた木製の床の表面が、ようやくそこにまで届いた日差しをぼんやりと鈍く反射させる。

柱に掛かった時計が静かに時を刻む――。

古書店といえばそのような印象がある。

それぞれ趣きのある雰囲気のなかで、古書店にしろ新刊書店にしろ、探している本、気になる本はどの書棚にどんなふうに並べられているのか、類書にはどのような本があるのか、隣接しているのはどんな分野かなど、その本をめぐるマッピング（位置）情報を直接見てとることができる。

心のおもむくまま、思い思いにあちこちの棚から本を引っ張り出し、手に取ってみる。表紙、表四《ひょうよん》ともいわれる裏表紙、装幀、目次、はしがき、あとがき、活字の書体や大きさ、ぺらぺらとめくった紙の手触り、本の重み――「脳」が躍動し出し、「皮膚」がざわめき始めて、「本」を実感する。

永い間探していた本が見つかっても、期待外れなことはしばしばある。かと思えば、ひっそりと隣にたたずんでいた本が、心づもりにしていた本よりずっとこちらの読みたいという望みに叶いそうな本であることも、たまにはある。限られた空間でありながら一期一会となり得る本に出会える瞬間も、ごく稀にある。

　歩き回れるだけ多くの店々の棚を探る。

　ビッグデータをもとにはじき出された自分向けとされる「パーソナル化」された情報――それとはまったく違う形で、自分自らが古書店、新刊書店を渡り歩くことによってはじめて出会える本という、手づくりというよりは足づくりともいうべき独自の「情報」を摑み取ることができる。

　雑誌をひもとけば、記事の中身が斬新な切り口・仮説のもと、「深く」掘り下げられていることを期待したい。

　ネットの検索性・双方向性のあるテラ（一兆）バイト、ペタ（一〇〇〇兆）バイト級の大量・迅速なデジタル情報を向こうに回して、編集長や編集者が自らの「第一人称のジャーナリズム」をひっさげ、ひとり敢然と対峙するといった構図のなかから、雑誌の醍醐味を読み取りたい。氾濫する情報の「キュレーター役」を雑誌に受け持たせるのだ。

「新潮45」の三重博一編集長は、雑誌がネットやウェブと違うのは「ともにパーソナルな問題意識で始まっているけれど、雑誌は最終的に作ったものに関して、品質保証をすることだ。手間暇かけ編集し校正して、チェックをしたうえで出している。そこが個人個人で書き飛ばしているものが多いネットとは決定的に違う点だ。……記事の着眼、位置づけ、評価、仕上がりなど、われわれ編集者は目利きかどうか常に問われている」と指摘する（日本出版学会　緊急シンポジウム「雑誌のジャーナリズムの明日」日大法学部三崎町校舎、二〇一三・五・一一）。

新聞を広げれば、特ダネやスクープ、現場発の独自情報がある。ネット空間でパーソナル化された情報、真偽の定かでない情報、ためにする情報が渦巻くなかで、正確性や信頼性のある情報を読むことができる。総合的なニュースや分野ごとのニュースが一面から最終面まで、さらにページごとにそれぞれアタマ記事からベタ記事にいたるまで、重要度に応じて割り付けられ、提供されている。無数の情報のなかから、振い落とされず、はじき飛ばされもせず最後まで生き残り得たニュースを一覧のもとに俯瞰《ふかん》し展望できる。

津波のように押し寄せてくる情報の海原を航海するのに、新聞はまたとない羅針盤であり、「ナビゲーター（水先案内役）」だ。本や新聞・雑誌のように、多くの人の手がかかった情報の精度は高い。

情報と利用者のかかわり合いで、利用者が手がけるグーグル検索のような情報収集は「プル（引っ張り出し）型」と呼ばれる。それに対して、本や新聞・雑誌を読んで得る情報は「プッシュ（押し出し）型」である。プッシュ型の情報はパーソナル化された検索結果を補正するのにも力を貸してくれる。

一期一会——人と会うことのすすめ

ディスプレイ画面を通じたメール、ブログ、交流サイトのやり取りが増えれば増えるほど、それと比例するように、人とのツラつき合わせた付き合いの大切さがいっそうよくわかってくる。画面上のことばのやり取りだけでは、先方の独特の口調、間《ま》、素振《そぶ》りといった要素が抜け落ちていて、塩味に乏しい膳に箸をつけたような印象がぬぐいきれない。

現に、自分がひいきにしている演奏者や歌手の生の演奏ぶりや歌いぶりが直接見聴きできるコンサートやリサイタルが人気を集めている。「国内のCDなどの生産額はここ一五年ほどで半減となっているが、コンサートの入場者数はほぼ倍増した」（日経「文化往来」二〇一二・五・一二）との数字もある。

ユーチューブなどの動画配信サイトで音だけにとどまらず映像も手軽に視聴できるようになってきた。それだけに、AKB48のコンサートのように、歌手や演奏者を目の当たりにし身近に接触できる「生」のイベント価値がいっそう高まっている。

『逝きし世の面影』などの著作で知られる評論家渡辺京二は、インタビューに応じ、日経夕刊の文化欄で「文明の行き着いたところでは、人間は生きづらいという自覚を出発点に……他者との交わり自体を喜び、できる範囲で相手に対座し時間を共有して行く。いわば宴席のような雰囲気を他者との関係で築くよう心がけることだ」と述べた（二〇一二・九・五）。

一定の距離を保ちながらも、たがいの息づかいや体温のぬくもりが感じられる関係の大切なことを指摘している。

『星の王子さま』のサン＝テグジュペリは『人間の土地』の冒頭で、「ぼくら人間について、大地が、万巻の書より多くを教える。……努めなければならないのは、自分を完成することだ。試みなければならないのは、山野のあいだに、ぽつりぽつりと光っているあのともしびたちと、心を通じあうことだ」と書いた。

「紙に書かれた思想は一般に、砂に残った歩行者の足跡以上のものではないのである。歩行者のたどった道は見える。だが歩行者がその途上で何を見たかを知るには、自分の目を用いなければならない」（『読書について』）と、ショウペンハウエルも読書だけでなく直接体験の持つ意味を記している。

人との出会いや付き合いに関しては「一期一会」という言葉がある。一期とは一生、一生涯であり、生まれてから死ぬまでを指す。自分の一生のなかで、ただ一度の出会いということである。もともとは茶道に由来する。

茶の湯の集まりは毎回、一生に一度との思いをこめて、主客ともに誠心誠意、真摯におこなうべきだと説く。転じて一生に一度の出会い、一生に一度限りの意味ともなった。

千利休の高弟山上宗二が記述した「一期に一度の会」（『山上宗二記』）を踏まえ、幕末の大老井伊直弼が「一期一会」こそ茶道第一の心得」（『茶湯一会集』）として世に広めた。

仏教学者の紀野一義（〜二〇一三年）は「わたしの家では、客が帰られたあと、しばらくは遠ざかって行く跫音《あしおと》を玄関に立ったまま聴いている。先ほどまで座敷に……坐っていた方がしずかな足取りで帰って行かれる跫音に耳をすませているひとときは楽しいものである。……心がその人の跫音を追うてはるかに行くようなときもある」（『禅──現代に生きるもの』）と一期一会の趣きを伝える。そこには一瞬一瞬をおろそかにしないで暮らしていくことの大切さが込められている。

「禅とはととのえることだ。不要なものをどんどん切り捨てていった後、一切を一瞬にして感得することである」（臨済宗大徳寺派笠園寺〈市川市〉渡邊恭山住職）。

「冷暖自知」という言葉が禅にある。

冷暖自ら知るとは、水が冷たいか温かいかといったことは人からあれこれ聞くのではなく、自分の手で直接触れてみればすぐわかる、という意味である。「あれこれ考えるより、ともかくまず自分でやってみろ、ということだ」（曹洞宗良珊寺〈渋川市〉永井政之住職・駒沢大学教授）。

仮想現実のデジタル文明に漬かる日々であればこそ、人と人との一期一会を尊び、一瞬一瞬を大切にし、自ら冷暖を知ることを心がけるという「文化」が求められる。

ネット・ウェブ時代だからこそ、欠かせない心構えだ。

「文化からの逃走」への戒め

「自由は近代人に独立と合理性とをあたえたが、一方個人を孤独におとしいれ……個人を不安な無力なものにした。この孤独はたえがたいものである。かれは自由の重荷からのがれて新しい依存と従属を求めるか、あるいは人間の独自性と個性とにもとづいた積極的な自由の完全な実現に進むかの二者択一に迫られる」とかつてエーリッヒ・フロムは論じた（『自由からの逃走』）。

決していまの時代の「自由」についての話ではない。半世紀以上も前、まだ先の大戦が終わる少し前のことである。

そして、現代社会で大部分の正常な人々が採用するのは、どちらかといえば「個人が自分自身をやめる、つまり鋳型によって与えられるパーソナリティを完全に受け入れ他のすべてのひとびとをまったく同じような、また他のひとびとが期待するような状態になりきる、と同時に孤独や無力を恐れる意識も消えるというメカニズム」だ、と冷徹に指摘した。

個人的な自己を捨てて自動人形となり、周りの多数の他の自動人形と同一になった人間は、もはや孤独や不安を感じる必要はないものの、「自己の喪失」という高価な代価を払うことになるのだ、と言ってのけた。

現にルネッサンスや宗教改革はそれまでの束縛から人間を解放し自由をもたらしたが、同時に孤独感や無力感をも人間に付与する格好となった。自由の重荷に耐えかねた人間はナチズムのような全体主義的なイデオロギーを自ら求めるようなことになった――訳者の日高六郎はこう解説に書いている。

その自由の中身や意味こそ違え、いまの私たちの文明社会でも同じようなことが起こりかねない。

周りのデジタル機器やサービスによって生活の快適さや便利さなどの恩恵を受けているものの「文字」から「視聴覚」へ、「思索」「観賞」から「感覚」「印象」へ、「進化」から「拡散」へと駆り立てられ、ネットやウェブへの依存がさらに高まりかねない文明のなかにある。グローバル化につれてふだんの暮らしに「コモディティ（日用品）化」「フラット（均質）化」の波が押し寄せている。行き過ぎたパーソナル化による「お気に入り」の歪んだ情報が到来する――。

それらにひたりきり、頼ってしまい、デジタル化やグローバル化という「文明」の波にどっぷり浸《つ》かって、他のだれとでも簡単に置き換えられてしまいかねないような毎日を安逸に送る――それは、まさに「自分自身という「文化」からの逃走」にほかならない。

デジタル「文明」やグローバル化の恩恵をしっかり享受しながらも、均質化や画一化に流されることなく、「われ・いま・ここ」の自分をなんとか確保し自分らしく生きていく工夫がいる。

本を読み、没入することを通じて本の底力を活かし、一瞬一瞬を大事にして、人との出会いを尊重し、自ら体を動かして独自の時空を切り拓き、自己という「文化」の旗印を掲げ続ける——そうありたいものだ。

エピローグ

『本の底力』は、出版総合誌「出版ニュース」（出版ニュース社）に掲載された著者の巻頭論文「iPad文明・雑誌文化考」（二〇一〇年七月上旬号）、「本は生き残る（上・下）」（二〇一二年一月下旬号、二月上旬号）、「書評『マニフェスト　本の未来』」（二〇一三年四月中旬号）などを踏まえながら、新規に書き下ろした。

この数年というもの、デジタル・活字両メディアの相克、葛藤、盛衰、消長といったことに関心を抱いてきた。

その間自分の目で見、人の話に耳を傾けているうちに、デジタルメディアは「文明」、活字メディアは「文化」とみなし得るのではないか、と思い至った。

デジタルメディアに「文明」を、活字メディアに「文化」を当てはめるというのは、あくまでも著者の「独断と偏見」による。

それだけに、できるだけ独りよがりを避けるため、直接取材した記者会見やシンポジウムでの発言内容やコメント、現場に近いところからの新聞・雑誌・ウェブ・本などの傍証を多く用いるよう心がけた。

デジタルメディア・活字メディアと言い表わしたものの、活字はすでに印刷工程でその役割を終え、大手新聞社などでも一九七〇～八〇年代にかけて順次、ひっそり姿を消していった。いま印刷される文字は活字によるのではなく、あくまでもコンピューターによってディスプレイ上に作り出されたイメージによる。が、思い浮かべるのに身近でわかりやすい表現として、印刷メディアや紙媒体の意味で「活字メディア」を用いた。

著者の場合、電子書籍端末としては現在、おもに「キンドル　ペーパーホワイト3G」を使っている。外に出かけるときは鞄の片隅に忍ばせておき、店で注文した料理が出てくるまでの間、電車や車の中、病院の診察待ちなどのちょっとした空き時間に、画面をあける。旅行にも「連れて」いくことが多い。

中に入れてあるのは「数学と語学」(寺田寅彦)、「チベット旅行記」(河口慧海)、「古寺巡礼」(和辻哲郎)、「黒死館殺人事件」(小栗虫太郎)、「風の又三郎」(宮沢賢治) など雑多だ。「春と修羅」(同)、「月に吠える」(萩原朔太郎)、「万葉秀歌」(斎藤茂吉)、「一握の砂」(石川啄木) などの詩・歌集もある。無料で閲覧できる青空文庫は重宝している。堀辰雄の「風立ちぬ」や永井荷風の「濹東綺譚」は、最近これで読み直した。

ボイジャーが出した『マニフェスト　本の未来』日本版は仕事で使った紙の単行本のほかに、電子版も読めるよう購入し、キンドルにダウンロードした。サン＝テグジュペリの*Le Petit Prince*（*The Little Prince*『星の王子さま』）も、邦訳を参照するのにキャサリン・ウッズの英訳ハードカバー本のほか、英仏対訳の電子版をダウンロードし、利用した。電子書籍のなかには、ＩＴ分野のムックを買って目を通したものの、あまりにも不出来なので即デリート（削除）したタイトルもある。

キンドルを使っていてしばしば戸惑うのは、自分がいま読み進めているのは全体のどのあたりなのか、という見当がすぐにはつけにくいことだ。もちろんページの片隅にはただいま何％という表示が小さく出ているものの、本を持って読んでいるときのように手触りで「もう半分まできたか」、「あとわずかで終わりを迎える」といった勘が働かない。いってみれば、キンドルの世界で軽い失見当識に陥ることがよくある。

さらにいえば、キンドルにしろｉＰａｄにしろ、手にしながら、これらはやはり「文明」の器だという印象を抱くことが多い。電子ペーパーにｅインクでかたどられた白黒の電子書籍の文字は、日本語のような表意表音の漢字仮名交じり文よりも、無機質な表音文字のアルファベットで構成された欧米の文章などにいっそうよく馴染むのでないか、という気がする。

とある集まりで、仲間のひとりがこんな話を披露してくれた。同氏はついこの間まで、デジタル分野の最先端を行く外資系日本法人のトップを務めていた腕っこきのエンジニアである。

幼い孫が遊びに来ると、家に置いてあるタブレット型端末をいつも勝手に持ち出してきて、スイッチを入れ、いとも簡単にインターネットに接続し、ほかには目をくれようともせず、アンパンマンのアニメ動画に見入っている。まるで雑誌や本をめくってぱらぱらマンガを見るかのように、動作にためらいやムダがない――。

デジタルネイティブもいいところだが、その幼児に「もうすこし物心がついてきたら、なんとしてでも習わせたいものがある」と同氏。

「習字」「書道」だという。

ディスプレイ画面にデジタルにドット（点）で作られた字は、もともとそのような形で初めから存在するのではない。墨をつけ筆で書いたかなや漢字こそ、先人がながい間かけつくり上げてきた本来の字だ。ディスプレイ上の文字はあくまでもそれらを踏まえてドットとして表記された映像に過ぎない。書道を通じてそのことを幼い子どもにぜひわかってもらいたい――こう語気を強める。

マクルーハンの「メディアの法則」でいう「ある新しい状況が行き着くと、そこからおのずから反転し、以前の古い状況が見直され、求められることがある」の一例だろうか。

出版総合誌「出版ニュース」に幾つかの小稿を載せていただき、今回単行本の上梓にあたってもいろいろ便宜をおはかりいただいた出版ニュース社代表の清田義昭氏に、感謝申し上げる。

「本だけがもつ、その魅力、その可能性をもとめて」を社是として掲げる新曜社の社長塩浦暲氏、編集・渦岡謙一氏、営業・魚住真一氏には様々の形でお手数を煩わせ、ご教示いただき、お世話になった。同社であればこそ、本書はなんとか陽の目を見ることができた。厚く御礼申し上げたい。

送り仮名等の一部は新曜社の基準に因《よ》った。本文中、敬称は原則として略させていただいた。失礼をお詫びする。


私事で恐縮ながら、読者のお許しを頂戴して、ひとつ末尾に記させていただきたい。

二〇一三年秋、札幌市南東にある里塚斎場（札幌市清田区）——。

永眠した長兄が荼毘に付された。その骨揚げに立ち会った。

遺骨とともに灰白色のものがあった。一六世紀のエリザベス女王のころ西洋で流行り、伴天連《ばてれん》たちがまとっていたというラフ（白の襞襟＝ひだえり）のような形状だ。大きさは縦二〇センチ、横一五センチ、高さ五センチほどの長方形。

空気がわずかに動くせいか熱が冷めるにつれてか、襞のひとつひとつがかすかにゆらいでいる。斎場の係員がこともなげに説明してくれた。

「本です」

兄は元皇国少年。先の太平洋戦争で米Ｂ29の焼夷弾により横浜・鶴見の家が焼かれたとき、自分の所蔵していた書棚の本がすべて灰燼に帰し、ふだん涙を見せない兄がその時ばかりは号泣したという。当時、中学生で大の本好きであった。長じて新聞社の海外特派員、編集委員となり、幾冊かの本を書いた。

斎場の「あまり厚いものはご遠慮ください」との意向もあり、喪主は著書のなかからごく薄いものを一冊棺に納め、ともに送ったという。その本の燃えがらであった。

千数百度の高温に焼かれながらも、襞襟の形を保っていた本。

厳《おごそ》かで気高く、凜《りん》としていた。

二〇一四年九月　　読書週間を間近にして

高橋　文夫

おもな参考文献

阿部謹也ほか『ドイツ～チェコ古城街道』新潮社、一九九七年
伊東俊太郎編『比較文明学を学ぶ人のために』世界思想社、一九九七年
ヴァイディアナサン、シヴァ『グーグル化の見えざる代償』久保儀明訳、インプレス、二〇一二年
上山春平『日本文明史』角川書店、一九九二年
梅棹忠夫『情報の文明学』中公叢書、一九八八年
エーコ、ウンベルト『もうすぐ絶滅するという紙の書物について』工藤妙子訳、阪急コミュニケーションズ　二〇一〇年
小塩節『ドイツの森』英友社、一九七六年
カー、ニコラス『ネット・バカ』篠儀直子訳、青土社、二〇一〇年
――『クラウド化する世界』村上彩訳、翔泳社、二〇〇八年
河合隼雄・松居直・柳田邦男『絵本の力』岩波書店、二〇〇一年
ギデンス、アンソニー『暴走する世界』佐和隆光訳、ダイヤモンド社、二〇〇一年
紀野一義『禅――現代に生きるもの』ＮＨＫブックス、一九六六年
久米邦武『米欧回覧実記』岩波文庫、一九七八年
公文俊平『情報文明論』ＮＴＴ出版、一九九四年
黒岩祐治『灘中奇跡の国語教室――橋本武の超スロー・リーディング』中公新書ラクレ、二〇一一年

コーエン、タイラー『創造的破壊――グローバリゼーションはどのように世界の文化を変えつつあるか』浜野志保訳、作品社、二〇一一年
Cowen, Tyler, "The Fate of Culture", *Wilson Quarterly*, Autumn 2002
酒井邦嘉『脳を創る読書』実業之日本社、二〇一一年
佐藤忠良・安野光雅『ねがいは「普通」』文化出版局、二〇〇二年
サン=テグジュペリ、アントワーヌ・ド『星の王子さま』内藤濯訳、岩波書店、一九六二年／倉橋由美子訳、宝島社、二〇〇五年／河野万里子訳、新潮文庫、二〇〇六年／池澤夏樹訳、集英社文庫、二〇〇五年、ほか
――『人間の土地』堀口大学訳、新潮文庫、一九七二年
サンスティーン、キャス『インターネットは民主主義の敵か』石川幸憲訳、毎日新聞社、二〇〇三年
椎名誠『さらば国分寺書店のオババ』新潮文庫、一九九六年
塩尻公明『天分と愛情の問題』現代教養文庫、社会思想研究会出版部、一九五一年
篠田雄次郎『今こそ日本人は「文化」に戻ろう』マネジメント社、一九八六年
司馬遼太郎『アメリカ素描』新潮文庫、一九八九年
柴田翔『されどわれらが日々――』文春文庫、二〇〇七年
清水徹『書物について』岩波書店、二〇〇一年
清水徹編『吉田健一　友と書物と』みすず書房、二〇〇二年
シャルティエ、ロジェ「電子テクストが「書物」をおわらせる」『本とコンピュータ』二〇〇五年夏号、トランスアート
ショウペンハウエル、アルトゥール『読書について』齊藤忍随訳、岩波文庫、一九八三年

鈴木大拙『禅と日本文化』北川桃雄訳、岩波新書、一九四〇年
大道寺友山『武道初心集』岩波文庫、一九四三年
高階秀爾『本の遠近法』新書館、二〇〇六年
高橋文夫『雑誌よ、甦れ――「情報津波」時代のジャーナリズム』晶文社、二〇〇九年
高谷好一『多文明世界の構図』中公新書、一九九七年
津野海太郎『電子本をバカにするな』国書刊行会、二〇一〇年
傳田光洋『皮膚感覚と人間のこころ』新潮選書、二〇一三年
――『第三の脳』朝日出版社、二〇〇七年
日本文藝家協会編「概観　電子出版」『文藝年鑑二〇一三』／『同二〇一四』新潮社
ネグロポンテ、ニコラス『ビーイング・デジタル』福岡洋一訳、アスキー、一九九五年
橋口収『近代の座標軸を求めて』金融財政事情研究会、一九九七年
長谷川一「〈書物〉の不自由さについて」『思想』二〇〇九年六月号
バーバー、ベンジャミン『ジハード対マックワールド』鈴木主税訳、三田出版会、一九九七年
林髞『頭脳』光文社カッパブックス、一九五八年
パリサー、イーライ『閉じこもるインターネット』井口耕二訳、早川書房、二〇一二年
ハロウェル、エドワード『ビジネスパーソンの時間割』田口未和訳、バジリコ、二〇〇九年
パワーズ、ウィリアム『つながらない生活』有賀裕子訳、プレジデント社、二〇一二年
ハンチントン、サミュエル『文明の衝突』鈴木主税訳、集英社、一九九八年
一橋大学歌集編纂会『一橋歌集』一九七五年
平野啓一郎『本の読み方――スロー・リーディングの実践』ＰＨＰ新書、二〇〇六年

平野啓一郎「特集　活字メディアが消える日」『中央公論』二〇一〇年六月号
フェーブル、リュシアンほか『書物の出現』関根素子ほか訳、筑摩書房、一九八五年
フリードマン、トーマス『レクサスとオリーブの木』東江一紀ほか訳、草思社、二〇〇〇年
――『フラット化する世界』伏見威蕃訳、日本経済新聞社、二〇〇六年
フロム、エーリッヒ『自由からの逃走』日高六郎訳、創元新社、一九五一年
マクガイヤ、ヒュー／ブライアン・オレアリ『マニフェスト　本の未来』ボイジャー、二〇一三年
マクルーハン、マーシャル／エリック・マクルーハン『メディアの法則』中澤豊訳、NTT出版、二〇〇二年
マクルーハン、マーシャル／ブルース・パワーズ『グローバル・ヴィレッジ』浅見克彦訳、青弓社、二〇〇三年
村上陽一郎『文明のなかの科学』青土社、一九九四年
室井尚『メディアの戦争機械』新曜社、一九八八年
――『哲学問題としてのテクノロジー』講談社選書メチエ、二〇〇〇年
山口創『手の治癒力』草思社、二〇一二年
――『皮膚感覚の不思議議学』講談社ブルーバックス、二〇〇六年
――『子供の「脳」は肌にある』光文社新書、二〇〇四年
山崎正和『文明の構図』文藝春秋、一九九七年
山村修『遅読のすすめ』ちくま文庫、二〇一一年
ユーリン、デヴィッド『それでも、読書をやめない理由』井上里訳、柏書房、二〇一二年
ライアンズ、マーティン『本の歴史文化図鑑』蔵持不三也監訳、柊風社、二〇一二年
リッツア、ジョージ『マクドナルド化した社会　21世紀新版』正岡寛司訳、早稲田大学出版部、二〇〇八年

ま　行

や　行

ら　行

わ　行

な　行

は　行

さ　行

た　行

索　引

著者紹介

高橋文夫（たかはし・ふみお）
日本記者クラブ・日本外国特派員協会・日本出版学会　会員。
1961年一橋大学経済学部卒。日本経済新聞ニューヨーク特派員、編集委員、日経BP社「日経ビジネス」発行人・局長、編集・出版担当常務・専務、日経BP出版センター（現日経BPマーケティング）社長などを歴任。著書に『雑誌よ、甦れ——「情報津波」時代のジャーナリズム』（晶文社）など。

本の底力
ネット・ウェブ時代に本を読む

初版第1刷発行　2014年10月20日

著　者　高橋文夫
発行者　塩浦　暲
発行所　株式会社　新曜社
〒101-0051　東京都千代田区神田神保町3-9
電話（03）3264-4973㈹・FAX（03）3239-2958
E-mail：info@shin-yo-sha.co.jp
URL：http://www.shin-yo-sha.co.jp/
印　刷　メデューム
製　本　イマヰ製本

ISBN978-4-7885-1413-3　C1000